AF231913

FRANCIS DE CROISSET

la féerie cinghalaise

CEYLAN AVEC LES ANGLAIS

GRASSET

LA FÉERIE CINGHALAISE

FRANCIS DE CROISSET

LA FÉERIE CINGHALAISE

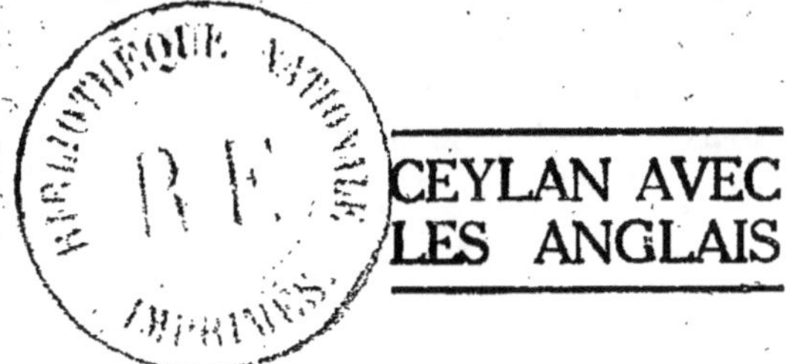

PARIS

BERNARD GRASSET

61, RUE DES SAINTS-PÈRES

1926

A Marie-Thérèse.

LA TRAVERSÉE

RÊVERIE SUR LE PONT

Sous les ventilateurs du salon, déjà plein de courants d'air, une vieille dame australienne, vêtue d'un sac à bonbons, casse des rag-times sur un piano qu'elle parvient à rendre mécanique. Sur le pont, à l'arrière, deux Anglais de cinquante ans, aux cheveux blancs et au teint brique, souples comme des enfants dont ils ont gardé le rire puéril, s'acharnent à tour de rôle à jeter dans un seau de bois des disques en corde tressée.

Quatre petits garçons et trois petites filles, roses et roux, les jugent d'un regard sévère.

Mais tous les fauteuils d'osier, les chaises-longues coiffées d'oreillers, les rocking-chairs bordés de châles, se tournent avides vers l'avant du navire où des jeunes filles saines, habillées chez Old England, lancent au-dessus d'un filet, à des athlètes qui sautent comme Nijinsky, ces mêmes disques dont la prompte répartie supplée, à bord de ce navire britannique, à toute espèce de conversation.

Le soir mauve qui meurt dans la mer endormie y fait pousser des violettes. Point d'autre brise que le vent tiède déplacé par la vitesse. Par instants, les pipes courtes des Anglais allument dans l'air qui fonce de minuscules brasiers.

Soudain, une rumeur. Sweaters roses et jerseys blancs interrompent le dialogue des disques et, penchés sur le bastingage, composent, interrogeant l'horizon, des groupes de cartes postales balnéaires. Une fumée grise, distincte en dépit du soir, se rapproche. C'est la fumée du Stromboli. Le volcan est en activité.

— Look ! the Stromboli ! The Stromboli !

Une Australienne qui déplie sa carte déclare que c'est l'Etna. Mais le mousse qui range les fauteuils, — car voici le premier coup de cloche du dîner, — remet les volcans au point d'un « No ! » catégorique.

— Look ! The Stromboli ! The Stromboli !

Le nom, volant de bouche en bouche avec des sonorités inattendues, réveille ma voisine, qui dormait. C'est une Française. Elle se dresse et, braquant un face-à-main intrigué, me dit :

— Où est donc ce bateau italien ?

— Quel bateau, Madame ?

— Eh bien ! ce Stromboli ! Il n'est question que de ça !

Nous glissons le long du terrible rocher que veinent des coulées de lave. A son flanc, un village à toits plats, un village grec d'une blancheur arabe, respire d'une vie insouciante. L'eau, plus claire près des rives, étreint d'une longue caresse l'île dont elle semble amoureuse. Un poison âcre se mêle à des parfums d'orangers et d'iris.

Pour quelle raison, dès que l'on aborde la Sicile ou l'Italie, les moindres contours ont-ils une empreinte divine ?

Dieu a créé le monde, mais il a sculpté l'Italie.

Nous voguons entre de petites îles, couchées dans l'eau comme des sirènes. Chacune a sa forme inspiratrice. L'une semble inventer l'amphore. Une autre s'effile, pareille à une gondole, dont voici la première proue. Une autre encore, basse, nue et lavée, imagine le parvis d'un temple ; tandis que, sur une marche de granit, un roc troué et gorgé d'azur s'ouvre avec une noblesse de portique.

Terre sacrée où le sculpteur, l'architecte, le peintre, n'ont eu pour créer qu'à obéir ! Mais n'en est-il pas de même partout ? L'Art, qui a bien une patrie, n'est grand que par cette obéissance harmonieuse. Là où, comme en Suisse, la nature est chaotique, aucun génie ne s'est révélé. Mais c'est la colline de Fiesole qui donna à Michel-Ange sa première leçon, et seul, du pur rocher attique, pouvait surgir le Parthénon.

D'ailleurs, au bord de la mer Morte, en remontant vers Jérusalem, ne devais-je pas, deux mois plus tard, constater que ces immuables monticules de sel et de sable, découpant sur l'horizon rose des minarets, des créneaux et des coupoles, avaient dû composer, bien avant qu'elle ne fût bâtie, la première cité orientale ?

Soudain, un stewart galonné, qui ressemble à un amiral, apparaît, brandissant une cloche.

Dans la cage lumineuse du salon, le rag-time, surpris, pique du nez et atterrit sur une fausse note. Des décolletés maigres, rouges de coups de soleil, se pressent vers la salle à manger, suivis de smokings vigoureux.

C'est l'heure du dîner, copieux et décevant.

Hélas ! c'est à la montée de la nuit que nous allons traverser l'un des plus beaux détroits du monde ! Reggio à notre gauche, Messine à notre droite, ne se révèlent à nous que par leurs lumières. Du navire, ce soir trop rapide, nous voyons chaque ville, chaque village s'éveiller, flamber, puis s'éteindre. La mer est sans force, la nuit sans souffle, et jamais, je pense, on ne glissa de Charybde en Scylla avec autant de douceur. Les feux conjugués des deux rives célèbres, découpant dans la nuit un double chemin d'étoiles, se répondent comme les strophes d'un hymne alterné.

*
* *

Nous arrivons demain à Port-Saïd.

Escale attendue ! Il y a cinq jours que nous n'avons vu un magasin, et les dames ont déjà une quantité de choses indispensables à acheter.

Pourtant, à bord, le coiffeur tient boutique, boutique exiguë, gorgée et surprenante comme un chapeau de prestidigitateur. Les objets, sous la vitre des armoires, s'entassent comme des comprimés.

Quel sens britannique de l'opportunité il a fallu pour les prévoir ! Parfums français, médicaments, toutes les éponges, babouches, coupes de vermeil et portrait encadré du Prince de Galles pour le prix des épreuves sportives ; pliants, peignoirs de bain, longues-vues, pantalons blancs ; costumes de Doge, de Cléopâtre et de Pierrot pour le « fancy-ball » traditionnel ; bonbons, chasse-mouches, gramophones, — tous les chers vieux fox-trotts ! — souliers de tennis, tricots.

Et le rayon des poupées : Georges Carpentier et Charlie Chaplin en son, et Lloyd-George en simili bronze. Et pour les petits garçons : torpilleurs pour s'amuser dans le bain, sous-marins et hydro-avions. Des ours de feutre et des singes de peluche, ficelés par la queue, pendent du plafond et se balancent. Une nuée de cartes postales palpitent sous le ventilateur.

Boutique du barbier, que de divertissements je vous dois !

*
* *

Merveilleux ennui des longues traversées ! Ennui définitif, d'où ne vous sort aucun embêtement ! Refuge contre le téléphone, la fumée des autos, les raseurs et les couloirs de répétition générale ! Les minutes coulent d'un sablier, la journée est plus longue que l'existence, le Présent cesse d'être une illusion, et tout l'avenir c'est de dîner !

Pourquoi ma voisine consulte-t-elle sa montre? Pourtant, elle sort de table. Alors, quel geste inutile !

Je rêve et je fume dans mon rocking-chair, et la vie est prodigieuse.!

Pourquoi me dit-elle encore que nous sommes aujourd'hui le 14 mars? Quel étrange besoin de tout préciser, et qu'est-ce que cela peut bien lui faire ?

Le vent est tombé comme une voile. La mer est un incendie bleu. Elle est faite de petits morceaux de verre cassé qui flambent et qui se battent. Leur colère attaque les yeux sous les lunettes. Ivresse de s'enfoncer chaque jour plus avant dans un été immuable !

Je songe avec mépris à tous les parapluies que j'ai connus !

LE CIEL, LE SABLE ET L'EAU

Port-Saïd. A huit heures du matin, nous sommes à quai.

Une petite ville de pacotille, des cafés à inscriptions arabes et françaises, un dédale de rues sordides qui se jettent comme des ruisseaux dans un boulevard trop neuf, bordé d'arbres maigres, et dont chaque bâtiment est une agence de voyages. Partout, des boutiques de tapis, de burnous, d'écharpes et, à chaque pas, des marchands de cigarettes. Toutes ces échoppes ne se réveillent qu'à l'arrivée des bateaux. Entre deux escales, Port-Saïd compte ses sous et s'endort.

Petits cireurs de bottes, négrillons offrant des cartes postales, guides, — pour vous montrer quoi? — tout cela vous englue et mendie. C'est toute une ville qui tend la main.

Un soleil violent chauffe ce hâtif bazar d'Orient, qui sent le tabac blond et le crottin. Mais c'est l'Orient tout de même. Nous sommes par le train à cinq heures du Caire, et à une nuit de Jérusalem.

A midi le navire repart, et c'est à l'heure du déjeuner que nous entrons dans le canal de Suez.

Sous le plafond où cent ailes de ventilateurs tournent comme des hélices, la salle à manger est prête à s'envoler.

Les stewarts, désormais en blanc, se penchent sur les convives menacés de congestion, avec des gestes d'infirmiers.

Dans l'air humide qui nous poisse, les plats passent, indésirables.

A la table du commandant, les notables se lèvent. Le service commençant par eux, ils ont fini avant les autres. Le fretin, l'appétit coupé, les regarde sortir, envieux.

Trois étages à gravir pour gagner le pont, — effort impossible !

Insaisissable, le « lift » ovale et laqué de blanc plonge et rejaillit, comme sur son jet d'eau l'œuf d'un tir. Comment l'abattre ?

Maintenant, sur le pont, trois cents passagers, couchés côte à côte, offrent au soleil un jeu de massacre.

Rose, le regard implorant, un Hollandais gras halète avec une bouche de poisson pêché.

— Par ces chaleurs, on ne devrait se nourrir que d'une tasse de thé, déclare une dame qui a trop mangé.

Nous baignons dans une colle liquide. J'essaye de lire. Mais, sur la page éclatante, l'ombre de mon coupe-papier me distrait.

— A cette allure, nous ne franchirons jamais le canal, soupire ma voisine qui transpire, s'énerve et s'évente.

Pourquoi est-elle si pressée, puisqu'elle aura encore plus chaud dans la mer Rouge?

C'est d'ailleurs vrai que nous n'avançons pas. A nos flancs, deux rives jaunes tournent au ralenti.

Des barques hiératiques, aux doubles mâts croisés, nous dépassent, infligeant à nos deux cheminées l'humiliation d'être « grattées » par la galère de Cléopâtre.

Sur les deux rives, tous les chameaux sont de profil.

Derrière eux, le vieux désert ondule, oxygéné. Bossus dans leurs peignoirs roses, traînant leurs tristes becs d'usuriers dévalisés, voici les pélicans promis par le guide Joanne.

Au bord de l'eau, des corps blancs aux bras sculptés se rhabillent et deviennent des soldats anglais.

Des Arabes luisants, réparant la berge ébréchée, chargent de petits ânes poussiéreux. Un chant résigné cadence leurs efforts. Ils devaient être tout pareils les esclaves que Nikho, roi de la vingt-sixième dynastie, employait à ces mêmes rives sept siècles avant le miracle du grand Lesseps.

Il faut croire que nous progressons car, le canal crevant comme un tuyau, nous trempons dans une grande mare bleue. C'est le lac du Crocodile, le lac Tinsa, et, couchée dans ses jardins dorés, Ismalia, indolente et verte.

Une fraîcheur oubliée monte de l'eau, enfin affranchie. Aussitôt, un Anglais, ressuscité, propose à un Hindou une partie de cricket. Mais de nouveau l'entonnoir se referme, muré des mêmes horizons jaunes. Le navire s'y enfonce avec un lent désespoir. Le soleil saigne et tombe derrière le désert ridé, puis le bref crépuscule troué du cri blanc des mouettes.

*
* *

Mais dans le salon de musique, dont la fenêtre est ouverte derrière moi, une trombe de jeunes Australiennes, vêtues comme des papillons, s'est abattue sur le piano. Deux d'entre elles déchiffrent, chacune avec un doigt, les dernières rengaines à la mode. Des jeunes gens aux épaules d'athlète et aux visages d'enfant sifflent le refrain tout en éteignant leurs pipes.

A chaque porte, des petits garçons et des petites filles surgissent, graves, et se tenant par la main.

« *Black Mammie, Hamapoo, Dear sweet girl* », tous les blues, tous les fox-trotts de l'hiver londonien ou de la saison de New-York défilent, écorchés.

Comment peut-on chanter aussi faux?

Deux ou trois mères, tombées du ventilateur, approuvent, sentimentales, le nez sur leur crochet.

Que chantent donc les jeunes filles en ce moment? Est-ce de l'anglais ou du français? Il me semble que je connais cet air-là.

Sur cette terr' ma seule joie, mon seul bonheur,
C'est mon homme...

Une stupeur m'effare. Ce n'est pas possible qu'elles chantent cela !

Je l'aime, c'est idiot. Il me flanqu' des coups,
Il me prend mes sous...

Cette fois, encore que défigurées par l'accent, j'ai bien reconnu les paroles. Un instant, je songe

aux héroïnes d'un livre célèbre de Marcel Prévost.
Mais non. Candides, elles ne comprennent pas
un mot à ce qu'elles chantent :

Je l'ai tellement dans la peau...

Les deux jeunes filles qui accompagnent, —
deux petits Burnes-Jones engraissés, — se donnent
un mal terrible, plissant leur front puéril et
scrutant la partition d'un air farouche.

— A french song, déclare une mère qui, à travers la fenêtre, me sourit soudain avec bien-
veillance.

Brusquement, la chanson s'arrête. Tous les
visages se tournent vers moi, interrogatifs et sé-
rieux.

— Qu'est-ce que ça veut dire, dans la mélodie,
cette chose-là ?

— Quoi donc ?

— En avoir un dans le peau...

Je rougis. Cela ne m'était pas arrivé depuis
vingt ans.

— Cela veut dire avoir un flirt, Mademoiselle.

— Oh ! merci bôcoup... Vous vois, vous ne
sais rien, dit la jeune fille à son petit frère, qui
n'a appris que le français.

*
* *

Sur le pont, après dîner, les toiles relevées laissent couler la lourde nuit huileuse. Les mêmes rives nous oppressent, à peine reculées par le mensonge de l'ombre.

Quelques passagers optimistes, qui ambitionnaient de dormir, remontent, découragés. Leurs pyjamas blancs, chambrés dans la nuit, ont l'air de négatifs.

Qui vient d'accrocher, à cette voûte surchargée de mosquée, ce pur croissant biblique? Dans le ciel rapproché, chaque astre élargi rayonne, comme jadis, dans la nuit bleue de Bethléem, l'étoile qui guida les rois mages.

Est-ce l'épée flamboyante de l'Archange, ou vient-on de nous photographier? Un éclair nous transperce tandis que, comme un bouchon d'or, un falot danse au ras de l'eau. C'est, sous le phare de Suez, l'adieu du bateau-pilote. Nous avons franchi le canal et, sous une humide trombe torride, le navire pénètre en mer Rouge.

LES CITERNES DE CLÉOPATRE

Un ordre bref. L'ancre jetée roule un bruit de ferraille qui enchaîne la mer. L'hélice a des intermittences de pouls, puis s'arrête comme un cœur fatigué.

Le navire moribond crache ses détritus dans un sabbat de vautours d'eau et de goélands. Froissant leurs ailes, ils se battent, les pattes crispées, et dardant leurs becs amers.

Devant nous, deux sous-marins anglais émergent au repos. Vêtus d'un casque colonial et d'un caleçon, le torse cuit et les joues fraîches, les hommes d'équipage nous regardent, debout sur la mer.

Surgies des livres de notre enfance, des pirogues dont les rameurs noirs luisent comme des phoques nous accostent en se bousculant.

Embarqués, nous filons sur la mer encombrée.

— Shilling ! gentleman. Shilling !

Nageant contre notre canot, des négrillons aux crânes rasés mendient, tendant leurs paumes roses. Nous jetons une pièce d'argent. Tous plongent, harpons sombres. L'étincelle s'enfonce et tournoie. Trente mains d'ombre cherchent à l'éteindre. Crevant l'eau comme une bulle, le vainqueur remonte, le shilling dans la bouche, et, gigotant afin d'écarter les requins, rit de ses dents claires de cannibale.

****

Sur son roc désespéré, Aden agonise, foudroyée de soleil.

Devant le port, des casernes d'ocre cuisent. Étroite et carrée, la place du marché semble un préau. Des cabanes hâtives et des masures de pisé s'évadent vers le rocher que le palais du gouverneur verrouille.

De la ville prisonnière, un phare blanc, dans le ciel irrité, monte comme un cri. Pas un arbre. Il n'a pas plu depuis deux ans. Le regard blessé, nous mettons nos lunettes comme des masques.

Le navire repart à midi. Nous n'avons qu'une heure pour visiter les citernes de Cléopâtre.

Nous grimpons dans un petit taxi arrêté le long d'un chameau. Épouvantant de menus ânes, nous dévalons les pentes d'un cirque de granit, frôlant des athlètes de métal que balancent des chameaux effilochés. L'auto précipite ses virages entre deux rangées de vautours. Immobiles, ils nous surveillent, le bec entre deux billes. Dans cette ville sans égouts, ils se savent invulnérables. C'est eux qui assurent le service de la voirie. Ce sont des fonctionnaires !

Voici les citernes.

Au pied de gradins, dont chacun semble une terrasse, s'ouvre, comme un gigantesque cratère, une piscine éblouissante et sèche. Un aigle qui nous survole blasonne ce champ de ciment de son ombre impériale. Plus loin, des marches triomphales trouant la montagne montent vers le second réservoir. Plus loin encore, une troisième citerne, aride, elle aussi.

Les archéologues allemands qui, peu avant la guerre, mirent à jour ce ciment millénaire, ont cru devoir, par endroits, le solidifier. Mais, sous la couche moderne qui craque, fragile comme la kultur, le vieux ciment réapparaît, indestructible.

Quels secrets enfouis sous les siècles possédaient ces bâtisseurs ? Par quels procédés ont-ils miné le roc, taillé ces degrés de géant, transformé sur des kilomètres, en gradins harmonieux, ce chaos volcanique ?

Quelle source alimentait la fontaine qu'évoque cette pierre gravée ? Souvenirs abolis !

Dans cette vallée du sel et de la soif, trois coupes taries supplient en vain le ciel implacable. Naguère, une eau bouillonnante les emplissait où, tout carillonnants sous leurs chaînes, venaient boire, de leurs trompes bosselées d'or, les éléphants de Cléopâtre.

UN BAL COSTUMÉ
DANS L'OCÉAN INDIEN

Les passagers de seconde sont invités sur le pont des premières au bal costumé de ce soir.

Le barbier est sur les dents : depuis deux jours l'on saccage, sans la dégonfler, sa boutique miraculeuse. Je ne me lasse pas d'admirer ses gestes de jongleur. D'une main agile et grasse, il éparpille un jeu de masques, vous en offre un comme une carte, puis escamote le tout, tricheur. D'une boule d'étoupe, il déploie trente perruques : toupets de clown, boucles de baby, canons de marquis. Un seul porte-manteau soutient cinquante dominos, pareil à ces marabouts vénérables qui portent sur eux toutes leurs chemises.

Graves, des Anglais méditent devant ces trésors.

Une telle fièvre d'émulation gagne le bateau que personne ne souffre plus de la chaleur.

Voici l'heure attendue.

Sous le phare blond de la lune, un piano en deuil, sur le pont déblayé, trempe dans une flaque de miel. Deux stewarts mélancoliques composent l'orchestre. L'un, d'un geste de semeur, égrène sur le clavier des gammes de fausses notes. L'autre comprime sous un menton tenace un violon désabusé.

Des groupes hallucinants surgissent des cabines de premières, dans le moment où afflue le fretin déguisé des secondes. Un colonel anglais, peint en nègre, sépare le bon grain de l'ivraie.

Soulevant une rumeur discrète, le jury prend place devant une théière de métal anglais, un portrait encadré du roi d'Angleterre, et un sac de golf. Ce sont les trois premiers prix.

De maigres accessits flottent entre une pipe, une paire de ciseaux avec dé à coudre, et un portrait non encadré de la princesse Mary et du vicomte Lascelles.

L'orchestre dresse le jury sur le *God save the King*, le rassoit dans un fox-trott, et la fête commence.

Entre le piano et le bastingage, tournant comme des chevaux de bois, les couples défilent, louchant sur les cadeaux. Le jury hésite, intimidé.

Cristal ingénu des âmes anglo-saxonnes ! Personne ne sourit, et pourtant...

Son bras court levé vers un long don José, une Carmen tassée qui, cigarière, se croit obligée au cigare, tousse et pâlit sous son peigne.

En Arlequines, et leurs compagnes en Pierrots, mes petites amies australiennes s'avancent, navrées. Il y a d'autres Arlequines, il y a même d'autres Pierrots. On leur a volé leur idée !

Entourée de faux vieillards, titubant sous des chapeaux mous, une maigre Anglaise, en smoking et en tutu vert, défile le monocle à l'œil et une cravache à la main. Quelle étrange escorte et que peut bien représenter cette créature ?

Sa sœur me renseigne : c'est la vampire de Montmartre exerçant ses ravages. Et elle ajoute, froissée :

— Vous auriez pu la reconnaître, vous qui êtes Parisien !

Vêtue d'un fantômal peignoir, une dame mûre, qui s'est fait la tête de Dante, offre le bras à son fils, un robuste gaillard déguisé en Ophélie.

Le vent s'élève, torride. Et, mollement, le bateau se met à tanguer.

Que fait donc le jury ? Va-t-il laisser ces couples tourner en rond toute la nuit ?

On emporte la Carmencita, qui a trop fumé.

Le navire, aux accords du fox-trott, danse à contretemps.

Maintenant, je vois de ma place les Doges, les Arlequines, les Pierrots, les Reines orientales, tout un monde chimérique descendre lentement dans la mer, au ras des poissons volants, puis, doucement, le long du bastingage huilé de lune, monter, monter vers les étoiles.

INSOMNIE

> On the road to Mandalay,
> Where the flying fishes play.
> RÜDYARD KIPLING.

Sur le pont transformé en dortoir, les dormeurs affalés découvrent, à la lumière dure des lampes, un visage animal que le sommeil démasque.

Une dame, qui avant dîner était encore jolie, ronfle, véridique. Ses joues fardées tombent comme des stores.

A côté d'elle, une Anglaise rigide a laissé choir ses pantoufles et, sous sa couverture retroussée, montre deux pieds de noyée.

Ma voisine de table, qui avait l'air si bon, dort avec férocité. Son nez mince semble un bec ; ses lèvres pincées, déformées par un pli amer, mâchonnent dans un cauchemar des exclamations agressives. Son souffle même gronde, désapprobateur.

L'on ne devrait jamais regarder dormir une femme qui ne respire pas par le nez.

Je m'éloigne, honteux, comme si j'avais violé le secret d'une lettre, et je rejoins mes compagnons de dortoir qui, eux, du moins, ont le droit d'être laids, puisque ce sont des hommes.

Mais non. Je ne pourrai pas dormir. Tous ont pris date et ronflent déjà. Il aurait fallu commencer.

Mon voisin de droite, qui est tout petit, rugit comme un orage. A qui se fier? Mon voisin de gauche, énorme et gras, compose à lui seul un groupe. De sa moustache découragée montent des gémissements puérils. Son bras qui pend a la couleur d'une tranche de saumon. Sa main large, aux doigts courts, se congestionne sur le plancher.

Une mouche — d'où vient-elle? — s'est posée sur ses doigts de pied. De temps en temps, subconscient, son orteil se déclenche, désespéré. Alors, la mouche se pose sur l'autre pied.

Je regarde son visage épais. Un sourire confiant dément ses plaintes enfantines. L'autre, le petit qui dort sur un moteur, semble inondé de tendresse. Décidément, jusque dans le sommeil, les hommes semblent plus naïfs que les femmes !

Je me lève et m'accoude au bastingage. L'azur disparaît, aveuglé d'étoiles dont chacune m'est inconnue. Je regarde, avec des yeux d'exilé, monter une lune énorme et tardive, une lune de laque rouge pareille à un soleil japonais.

La mer elle-même, trop différente, ne m'apaise pas, elle m'inquiète. Elle est pesante et si métal-lique qu'elle semble un bain de mercure.

Qu'est devenu le cercueil de cet enfant, mort hier d'une méningite, toute petite boîte qu'au murmure des prières de l'équipage, et au son des cloches du navire, les marins, cet après-midi, ont descendue dans la mer ?

A la minute où le pauvre enfant a cessé de vivre, les requins, flairant la mort, sont apparus. Depuis, leur meute sinistre nous escorte parmi les jeux des poissons volants.

Ah ! dormir, si je le pouvais ! Mon linge est adhérent. Le moindre geste me met en nage. Mes tempes battent... Je regarde l'heure à mon bracelet-montre, dont le cuir humide a glissé. Il n'est que deux heures du matin !

Que faire ? Et j'ai trop chaud pour fumer...

Soudain, un son liquide de flûte... Un voile blanc qui flotte, des rires étouffés. Intrigué, je me dirige vers l'arrière du navire.

En pyjama, la poitrine découverte, ses manches relevées sur ses bras vigoureux, l'étudiant d'Oxford, qui s'était déguisé en Ophélie, joue du saxophone, accroupi dans le clair de lune. Ses deux jeunes sœurs, en chemise de nuit, dansent des pas de la Loie Füller, en agitant des serviettes-éponges. Efflanquées et agiles, elles sautent, le genou droit ployé, puis retombent, offrant leurs paumes aux étoiles. Mais pourquoi, par cette chaleur gluante, bondissent-elles avec des serviettes? Est-ce pour essuyer la nuit?

Lui ne les regarde même pas. Ses sœurs dansent, c'est leur affaire. Il joue un air plaintif de la vieille Écosse, un air grelottant qui sent la pluie et la bruyère. Et sans doute joue-t-il cela pour se rafraîchir !

INSTANTANÉS
D'EXTRÊME-ORIENT

IMPRESSIONS D'ÉTÉ A BOMBAY

Quatre heures pour visiter Bombay : on nous mesure les escales.

Sous un ciel blanc qui projette des éclairs de magnésium, nous débarquons, à midi, dans un bain de vapeur.

Que cette lumière est décevante ! Est-ce donc là la lumière de l'Extrême-Orient? Tout est pâle, d'une pâleur stupéfiante de pellicule ratée.

Chaque rue est un couloir de hammam, qu'empoisonne mollement un vent fétide comme une haleine de fiévreux.

Voici le boulevard bordé de temples protestants, d'hôtels meublés, de pagodes, de banques, de boutiques de coiffeurs et de consulats. Sur le trottoir, qui a l'air d'être en nickel, toutes les races du monde transpirent, embuées. Des mendiants gris tendent leurs mains pelées. Des brahmanes de saindoux glissent, onctueux et gras. Des négresses, accroupies, suent, hébétées. Des coolies maigres trottent comme des mules. Des Persans, en robes à fleurs, surgissent d'un ballet russe. Mais tout cela sans couleur, sans relief, estompé, dissous dans un brouillard de chaleur.

Debout sur son chariot, un bouvier nu, armé d'un aiguillon, pique ses deux bœufs bossus pour échapper à un tramway. Des taxis passent, jaunes de Chinois ou luisants de nègres. Dans une calèche, des femmes de cuivre, drapées comme des Tanagras, sourient, un bracelet à leur narine droite. Et l'œil ne retient rien, ne s'intéresse à rien. Tout est vague, floconneux, comme inexistant.

Les arbres ne sont plus verts, les turbans des Hindous ne sont plus roses, les mitres en carton verni des Parsis ne sont plus noires, même les uniformes anglais ne sont plus kaki. Dans cette vapeur étincelante, toutes les couleurs dégoulinent comme une glace panachée qui a coulé. Ici, c'est la chaleur qui produit la lumière, à la manière d'un métal en fusion.

Et je songe à ces deux vers d'Edmond Rostand :

> *O soleil ! Toi sans qui les choses*
> *Ne seraient que ce qu'elles sont !*

LES TOURS DU SILENCE

Bombay se pare, au sommet du Malabar, de son jardin parsi, comme une pauvresse se pare d'une couronne.

Mais même ici, au sortir de la nébuleuse, les couleurs, enfin distinctes, demeurent ingrates. Le soleil, invisible derrière une buée livide, ne darde que des rayons blafards. Les pelouses, dans ce jour blanc, étalent un gazon métallique. C'est l'éclairage d'un bec Auer.

Sur chaque pelouse, des fleurs violentes composent, en lettres rouges, une phrase pieuse du Zend Avesta exhortant à la prière. Car ce jardin est le jardin de la mort. Ces bancs, posés çà et là, à l'ombre dure des palmes, ignorent les couples heureux. Ils ne connaissent que des deuils, les deuils blancs des femmes parsis et de leurs compagnons aux mîtres noires, qui, devant la mer indigo, peinte là-bas sur une toile de fond, viennent méditer Zarathoustra.

Tout près, en cendre de cigare, des donjons trapus s'écrasent dans un feuillage de zinc. Ce sont les Tours du Silence, les tours de la Mort, où, deux fois par jour, des cadavres humains servent de festin aux vautours.

Je vois la poterne du premier donjon. Elle s'ouvre à dix heures du matin et à cinq heures du soir, pour les seuls porteurs gantés de blanc et leurs funèbres litières. Aussitôt, les corps sont exposés, nus, sur trois terrasses circulaires, descendant vers un puits commun. La première terrasse est celle des hommes, la dernière celle des enfants.

Et la curée commence.

Au bout de peu d'instants, le squelette apparaît, nettoyé de sa chair. Le soleil d'un jour suffit à le sécher et les pluies, peu à peu, sur la terrasse glissante, l'entraînent vers le puits. Ainsi est obéi le Zend Avesta qui dit : « Tu ne souilleras point la terre, ta mère. »

Aimer une femme, lui survivre, savoir par cœur son visage, et supporter que des becs de corne trouent les yeux dont on pleure le regard, déchirent la bouche dont on a connu les baisers !

J'aime mieux les vers du tombeau. Eux, du moins, on ne les voit pas.

Mais le moyen de ne pas haïr ces vautours?

Un arbre, à vingt pas de moi, est lourd de leurs corps trop nourris. Jouant des ailes, ils se dandinent, remuant, au bout de leurs cous inquiets, leurs têtes roses et pelées. L'un d'eux s'élève pesamment, inspecte la première tour d'un vol circulaire, plonge et remonte, un débris dans le bec.

Comment peut-on être parsi?

L'AURORE SOUS LES TROPIQUES

> Au bas du lourd collier de
> l'Inde, elle pend comme une riche
> pendeloque et touche presque la
> ceinture du globe.
>
> ANDRÉ CHEVRILLON,
> *de l'Académie Française.*

Ceylan ! Nous débarquerons ce matin, après dix-sept jours de voyage. Impatient, j'arpente le pont, encore bleu de la nuit suante. Un vent presque frais, annonciateur de l'aube, fait vaciller les larges étoiles et, une à une, souffle ces belles lampes inutiles. La lune s'altère comme un visage et, pâle, se dissout dans ses limbes.

Je regarde l'espace confus que va préciser le soleil. Le voici, comme une menace. C'est d'abord, à fleur d'eau, un trait de vermillon que suit un arc courroucé. Un croissant de laque cramoisi émerge, glisse, monte, se libère et, s'arrondissant

dans un ciel de jade, flotte comme un énorme ballon rouge.

Verni, d'une colère hypocrite, il n'étincelle pas,
mais luit, artificiel, sage et lustré comme un soleil
de Coromandel. Le voici à mi-voûte et quasi
arrêté, pour mieux apposer dans le ciel, marqué
de son cachet de pourpre, le sceau impérieux du
jour. Une cire ardente fond dans l'éther tour-
menté qui semble un récif de corail, et coule
dans l'eau où fleurissent toutes les corolles si
vite flétries de ces aurores instantanées.

Déjà s'est échappé le luisant disque de laque,
l'inoffensif ballon rouge : la corde a cassé. Et,
tandis qu'avec des yeux confiants d'Occidental
je contemple l'espace apaisé et rose, un éclair
furieux me frappe de sa lance, le ciel croule
comme un toit incendié, la mer éclate, fulgurante,
et l'air décoloré vibre, pareil à une toile métallique.

Je recule, chancelant. Mais ce n'est rien que le
jour, le jour quotidien qui a pris feu sous les bat-
teries du soleil.

*
* *

« Ceylon » ! « Ceylon ! »
Un bataillon de lunettes, un front de kodaks

se braquent sur un jardin sombre qui, tout là-
bas, commence à pousser dans la mer. En vain,
j'aspire l'air sans arome, mais fais-je autre chose
depuis hier au soir? L'on m'avait dit que, bien
avant l'arrivée, l'île enchantée viendrait à ma
rencontre sur les flots avec une ambassade de parfums. Nous serons à quai dans deux heures.
Les ambassadeurs se font attendre. Ceylon !
« Ceylonne ! »

Que ces Anglais sont évidents ! L'île mystérieuse s'approche d'elle-même. Pourquoi l'ap-
pellent-ils de cet accent qui la revendique? Pourtant, pas un ne la convoite autant que je l'aime.
Depuis Marseille, j'ai rendez-vous avec elle comme
avec une maîtresse, et je n'ai pas parlé d'elle à
bord par pudeur et de peur qu'on ne me l'abîme.
Non, je ne regarderai pas avec des lunettes son
corps ambré que cache encore la ceinture de
sa forêt sombre. Je sais trop qu'elle est différente
de mon rêve. Je recule notre rendez-vous.

Comme elle était brillante sous mes paupières
fermées, plus belle cent fois qu'elle n'apparaît
à ces Anglo-Saxons qui la déchiffrent. Tout
à l'heure, je serai tout contre elle, il faudra bien
que je la voie. A l'avance, je m'amuse de mon
désespoir, en me moquant de moi-même.

Miracles du voyage ! Fertiles déceptions obligeant aux découvertes et qui vous enrichissent d'une double vision : la fausse, celle dont les oiseaux tièdes bigarrent le sommeil menteur du matin, celle qui construit des châteaux bleus dans la fumée d'une cigarette ; et la vraie, — mais est-ce bien la vraie ? — celle qui n'a pas de retouche, celle que saisit l'œil, ce dur photographe.

Mais qu'est-ce que cela ? La trame de l'azur se tisse de petits nuages de laine. Il y a donc des nuages sur « mon » île ?

Une dame, qui m'aguiche d'un rire chevalin, étend la main au-dessus du bastingage et me dit : « Il pleut. » Je la tuerais ! Mais elle a raison : les gouttes qui tombent sont brûlantes, de la rosée de chaudière, mais il pleut !

Je referme hâtivement les yeux. Confuse certitude du rêve ! Je vois la plage de Colombo : je sais que sous la bosse du palanquin vert et or un éléphant blanc, peint par Besnard, m'attend, ses pieds de palmier enfoncés dans le sable rouge. Je sais que tout de suite, guidé par sa trompe, j'entrerai, balancé comme un prince bouddhique, dans la jungle qu'éventent des plumes de paons bleus... Je sais... Mais avec quelle hâte l'île véritable vient maintenant sur nous ! Je voudrais ne plus la voir, tant son visage me réveille. Dans une verdure noire, tragique, de somnolentes cheminées de briques, des boutiques, des affiches et l'horreur vernie d'un tramway !

Est-ce donc là Colombo?

Ceylon ! Ceylon !

Qu'ont-ils donc à l'acclamer ainsi? C'est eux, avec leurs cris réels, qui déchirent la beauté de mon rêve.

— Ceylon ! Il faut descendre ! me hurle dans la figure un matelot réjoui qui jongle avec deux valises.

Et c'est vrai qu'il faut descendre, puisque nous sommes arrivés.

LE DÉBARQUEMENT

Le rickshaw, minuscule voiture à deux roues, m'entraîne vers l'hôtel. Entre ses brancards, un jeune Cinghalais, aux cheveux de fille, nu sous un pagne que la sueur plaque à son dos, trotte comme un cheval dont il a la robe luisante. Il bondit pour éviter une auto, vire pour esquiver un tramway, steppe le long des trottoirs de la ville propre, sablée de rouge, où toutes les maisons ont un air ripoliné de cottages anglais.

D'autres trotteurs nous croisent et saluent mon coursier d'un rire de porcelaine. Encore une petite rue, une autre, et nous sortons de Colombo, par un chemin cramoisi dont, à perte de vue, le tapis enflammé longe une mer bleue comme un drapeau.

Ici, plus d'autos, plus de tramways, rien que ces petites corbeilles où les Anglaises ont l'air de grosses fleurs du Nord, et qui filent derrière les minces coureurs dont les pieds nerveux grêlent le sable. Nul bruit que le sanglot rauque des vautours d'eau, le gémissement doux de la mer apprivoisée, et le cri enrhumé de ces étranges mouettes aux larges ailes de cigognes.

Face à la mer, au bout de la jetée de sang, là où d'innombrables rickshaws stationnent, leurs coursiers humains au repos, une caserne jaune : c'est le Palace.

Mais devant l'hôtel, quels sont ces panaches sombres, au-dessus de la plage, flottant en plein ciel, si hauts que je renverse la tête pour les voir ?

Géants obliques, que voûte leur trop haute taille, ce sont les trois cocotiers miraculeux. Je les reconnais maintenant, surgis du « Ceylan bouddhique » de M. André Chevrillon.

Leurs jets lisses, leurs fusées fauves, partant du sable soufré, montent en arc vers le soleil, puis éclatent en bouquet noir dont la gerbe pluvieuse retombe, obscure et lustrée comme une chevelure de Cinghalaise.

Deux fois plus élevés que les sept étages de l'hôtel, ces trois arbres isolés émeuvent comme une forêt.

Peut-être n'est-ce point par hasard qu'ils ont jailli là, solitaires, trop près de cette lourde caserne occidentale. Précédant de plusieurs kilomètres l'armée touffue des bois impénétrables, sans doute, surveillant la mer tropicale, signalent-ils l'arrivée hostile de tant de fumées étrangères, et, là-bas, ces torpilleurs gris dont les ventres de requins luisent dans l'écume du port.

Pareils à des sentinelles, ils sont là, détachés par ordre de la jungle, patients, graves et muets, comme les guetteurs de son poste avancé.

COLOMBO

LE PALACE

En robe blanche, ses cheveux huileux relevés par un peigne fourchu, un boy, sculpté dans un marron, et dont les cils semblent postiches, tire et pousse de ses doigts maigres aux ongles teints le jeu d'orgue de la cage d'ascenseur.

Quelques compagnons du cher vieux bateau s'épongent, « too hot for words », et, automatiques, se distribuent aux divers étages, « See you later on ». Un dernier bond. Me voici au septième.

Un couloir nocturne s'ouvre comme un tunnel. Devant chaque porte, pareilles à de longs vases de cuivre, des bottes d'officiers anglais attendent des fleurs. Parfois, des chaussures martiales, voisinant avec de petits souliers, indiquent que la chambre est conjugale.

Huit heures du matin. L'hôtel qui dormait se réveille. Des pyjamas, derrière les portes, réclament leur breakfast. Sur une chambre qui ronfle, il y en a deux qui sonnent.

Ce tunnel va-t-il continuer longtemps?

Soudain, je recule, terrifié : un angle droit nous a fait bifurquer sur une terrasse incandescente. Vais-je vraiment loger derrière cet incendie blanc? Le boy baisse les cils et je mets mes lunettes.

— Your room, Sir.

Sous les toits, ma chambre est foudroyée de lumière. Un courant d'air brûlant fait danser les stores noirs de mes trois fenêtres, que des mouettes criardes balaient de leurs ailes triangulaires.

Le lit n'a pas de moustiquaire, le plafond pas de ventilateur. Une trombe d'air humide décourage ici les moustiques. Quelques lézards, sur mon mur trop blanc, guettent les mouches.

La lumière m'aveugle. Le bruit du vent m'irrite. Je ferme les fenêtres pour apaiser les stores : aussitôt, j'étouffe. J'ouvre à nouveau les fenêtres, afin de respirer. Le moindre geste devient un sport.

Cris d'oiseaux. Gémissements de la mer tourmentée. Appels des coureurs de rickshaws. Chansons stridentes. J'écoute, oppressé, les bruits de l'exil.

Vais-je, pour la première fois, regretter d'être venu à Colombo en avril ? Je m'assieds, amolli. Mais ma chaise qui brûle me redresse. Que faire ? Un bain ! Comment n'y ai-je pas pensé plus tôt ?

Maintenant, les bras en croix sous ma douche, je me sens l'âme pleine d'espérance. Mais l'eau est avare, tiède et terreuse. L'impression d'être sous un compte-gouttes ! Une énorme araignée velue pend du plafond, comme une ampoule noire.

Découragé, je regagne ma chambre. Si encore j'avais un livre, ou de l'eau de Cologne...

Comme nous nous sentons seuls, dans une chambre d'hôtel, quand nos bagages ne sont pas encore montés !

*
* *

Ce petit couple français, que la salle à manger du palace réprouve, est pourtant, par sa fraîcheur et sa gentillesse, désarmant.

Mais il fait scandale : il n'est pas marié. Une Américaine, qui connaît Colombo, me le désigne, offensée. Pourtant, à trente ans, elle en est à son cinquième divorce ! Le petit couple doit être au courant car, à son tour, il la regarde avec une ironie un peu méprisante.

Le malentendu de deux civilisations sépare nos

tables voisines. J'essaie d'expliquer à la dame américaine le sens de notre proverbe qui dit : « Il faut que jeunesse se passe. » Elle me répond : « Il y a le mariage pour cela ! »

J'y renonce.

Comment ferais-je entendre à ce jeune couple latin qu'en Amérique le divorce fait en quelque sorte partie du mariage ? Et à mon Américaine, qui a connu cinq honneurs officiels, que chez nous le divorce n'est encore admis qu'à la manière d'un accident ?

En France, quand on se marie, c'est pour la vie, même quand cela ne dure pas très longtemps. En Amérique, quand on se marie, c'est pour quelque temps, même quand cela doit durer toujours. Ce que nous blaguons, ils le respectent. Ce qu'ils blaguent, nous le respectons. Décidément, il y a, entre les Anglo-Saxons et nous, une incompatibilité d'humour.

Empressés, mais distants, vêtus d'une courte veste blanche et d'un jupon blanc, des serviteurs cinghalais glissent, impénétrables.

Félins, en nous servant ils nous guettent.

La dame américaine, qui porte des cheveux courts, regarde avec dégoût leur longue chevelure lustrée que relève un peigne d'écaille, tandis que l'un d'eux, par-dessus le plat de curry, examinant la nuque garçonnière, sourit d'un sourire hermétique d'Extrême-Orient.

— Quelle vilaine petite habitude ont les hommes ici, de se coiffer et de s'habiller comme des femmes !

Je dissimule un sourire trop occidental.

A quoi bon lui répondre que cette « vilaine petite habitude » est une tradition plus que millénaire, et qu'il y a dix-sept siècles Agathémère la signalait déjà, du temps que l'île divine s'appelait encore Taprobane ?

Grand comme un oiseau, un papillon éperdu tourbillonne sous un ventilateur. Les sombres émeraudes de l'île luisent obscurément sur ses ailes.

Je le regarde, ébloui. J'ai des yeux de convalescent.

Comme la dame américaine a changé depuis les hors-d'œuvre ! A partir de trente-cinq ans, presque toutes les femmes enlaidissent au dessert. Elle parle, je ne l'écoute plus. Alors, elle répond.

Tout me distrait d'elle et m'enchante : ce riz qui fleure le piment, ces fruits mystérieux qui portent de si beaux noms, mangues, goyaves, letchis, doerians.

Je découpe un étrange animal, rouge et mou, une orchidée qui est un fruit. Saignant, mon couteau à dessert devient une arme.

— Pour l'amour de Dieu, n'en mangez pas !

Interloqué, je m'arrête.

— Il ne faut manger ici que les fruits que protège une écorce. Les indigènes, qui sont tous sales ou malades, contaminent les autres.

J'obéis, vexé, mais lâche.

Une main brune m'offre, dans une coupe de métal, un sorbet d'or poudré de noix de coco.

— No, pas de glace. C'est le typhus, sûre !

Pourquoi dit-elle typhus au lieu de typhoïde? Sans doute pour dramatiser le climat. Mais elle commence à m'agacer !

Maintenant, dans une tasse de laque, je verse de l'ambre liquide. Boire du thé de Ceylan à Ceylan, cela fait partie du voyage.

— No ! Jamais de thé au restaurant. Les indigènes, qui sont tous menteurs, ne font pas bouillir l'eau. Que d'imprudences ! Vous avez de la chance de m'avoir.

J'acquiesce, le cœur plein de haine et le sourire reconnaissant.

Ce soir, je dînerai tout seul !

LA VILLE INDIGÈNE

Il n'y a pas de ville indigène. Il n'y a qu'un ensemble de villages éparpillés dans la jungle et qui baignent, humides, dans une ombre lumineuse et verte.

Ni rues, ni ruelles, mais de larges avenues de verdure que voûte, comme une nef, le dôme naturel des feuilles.

Rouges, jaunes ou indigo, les petites maisons de boue, bariolées comme des masques, sont coiffées d'un toit de roseaux qui, incliné, les protège d'une courte visière.

Elles n'ont qu'un étage. Ni fenêtres, ni portes. La maison, béante derrière ses frêles colonnades, bâille au public comme une chambre de théâtre.

Autant de maisons, autant de boutiques où, sur sa natte, le marchand, accroupi, exerce un métier millénaire. Mais le potier, encadré d'amphores, le vannier, de corbeilles, le marchand d'eau fraîche, de ses outres, le fruitier, de ses régimes, chacun, immobile, semble poser pour son enseigne.

Les barbiers abondent. C'est un art savant. Chaque caste se fait raser selon son rite.

De profil, assis sur leurs talons, et comme surgis d'un bas-relief égyptien, le barbier et le patient, se faisant vis-à-vis, opposent deux angles droits. Le client, offrant son crâne, se prosterne, tandis que le barbier, le buste immobile, rase à bout de bras la portion rituelle.

*
* *

Mon chauffeur aux longs cheveux crie et corne pour écarter la foule.

Un gros bonze de saindoux, vêtu d'une robe soufrée, et qui abrite un crâne rasé sous un parapluie noir, détale.

Sur sa civière de roseaux, porté par deux coureurs de bronze, un cadavre nous « gratte ». Soufflant dans d'aigres trompettes et frappant sur de longs tambourins, la famille suit, essoufflée.

Les mêmes bœufs bossus qu'à Bombay, piqués par un conducteur tamyl, traînent des chariots cylindriques à l'abri desquels toute une famille dort, balancée.

Mon chauffeur tempête. De jeunes Cinghalais,

aux chevilles grêles, barrent la route d'une chaîne élastique. Un camélia à l'oreille, ils se tiennent par le petit doigt, comme des marins permissionnaires. La chaîne casse. Je me retourne pour les voir. Le henné qu'ils mâchent farde leurs lèvres, et tous rient d'un rire trop rouge.

Maintenant, au milieu de la route, une longue théorie de jeunes Cinghalaises égrène un collier de couleurs.

Drapées de linges éclatants, le front cerné de perles d'or, des bracelets à leurs chevilles plus étroites que leurs poignets, elles se dirigent vers le temple. Leurs paniers de fleurs en équilibre, elles passent, légères, coiffées de leurs offrandes.

— « Pas possible avancer dans pareil encombrement », me dit le chauffeur, en panne devant un acacia écarlate.

Je descends. L'avenue s'allonge, ténébreuse, bordée de suryias, qui sont les arbres du soleil. Leurs fleurs mystiques n'atteignent leur splendeur qu'en se fanant. Un suryia qui meurt flambe toute la nuit comme une aurore.

LE MARCHÉ

Pour atteindre le marché, nous traversons une lagune. Sa lourde eau cireuse miroite sous un rideau de moustiques.

Des blanchisseuses, dans ce bain jaune, trempent leur linge. Est-ce pour le teindre?

Des vautours d'eau survolent en criant le marché endormi.

A côté de leurs poivrons, de leurs cédrats ou de leurs pastèques, tous les vendeurs sont couchés.

Ici, l'heure du marché ressemble à l'heure de la sieste. Les volailles mêmes ne crient pas, comprimées dans leurs paniers de jonc.

Les acheteurs glissent, muets, comme des figurants.

Des Malais aux visages assyriens, de grands nègres nus de lampadaires, des Cinghalais fragiles, se frôlent sans se mêler.

Un amateur d'écaille, à qui un Chinois propose

une tortue, l'achète, bouche close. Puis, sur place et sans l'achever, d'un large couteau scalpe sa carapace. La loi de Bouddha défend de tuer.

Accroupis dans la halle au poisson, des bûcherons silencieux, tranchant à coups de hache leurs beaux animaux glissants, font voler des écailles roses et vertes. Affamés, des corbeaux en deuil happent ces confettis.

Plus musclés que les Cinghalais, ces poissonniers sont des tamyls. Le cercle de Siva tatoue leur front sombre.

Et de toutes ces races, pas un cri ne monte, pas une exclamation, pas un rire.

C'est un rendez-vous d'ombres. Et ce n'est plus un marché, c'est sa pantomime.

OÙ L'ON FAIT LA CONNAISSANCE D'HOLLICOTT

Neuf heures du matin. Sous son velum orange, la longue piscine, dans laquelle des officiers anglais jouent au water-polo, a la température d'une chambre de malade.

Je m'asperge d'eau de Cologne pour me rafraîchir de mon bain.

Cernée par son couloir de colonnades, avec son eau verte comme un gazon, la piscine semble un cloître qu'entourent de blanches cabines monacales.

Mais l'on a sacrifié deux cellules pour faire un bar. Un boy d'acajou dose des cocktails sous l'œil vérificateur de trois baigneurs roses aux joues tannées.

Une courte pipe sous la moustache, un colonel signé d'André Maurois, rhabillé jusqu'à la ceinture, et qui s'est baigné depuis l'aube, a apporté son gramophone.

Mais, intéressé par la partie, il se rapproche, protégeant son cocktail de son casque.

De temps en temps, le water-polo l'éclabousse. Aussitôt, les joueurs subalternes s'excusent d'un : « So sorry, Sir », et continuent.

Je regarde avec dépit les joueurs qui m'ignorent.

Mon bain a été triste. J'ai nagé seul comme un naufragé. Mais eux, comme ils ont l'air de s'amuser !

Tous, plissant leur front puéril, regardent le ballon, l'œil avide. Gagner la partie, c'est le but de leur existence. Les veinards !

J'ai envie de plonger pour jouer avec eux. Mais voudraient-ils de moi ? J'ai peur d'avoir l'air d'un homme de lettres.

J'hésite au bord de la piscine. Me rhabillerais-je ou non ?

J'ai joué au water-polo dans le temps. Il y en a un qui joue très mal. Je dois être à peu près de sa force.

Au fond, je n'ai pas l'air beaucoup plus vieux que celui qui a l'air le moins jeune... Je roule avec incertitude ma cigarette, qu'une trombe d'eau a éteinte.

Voyons ! Si j'ai le courage de me décider, ayant

joué avec eux j'aurai fait connaissance. Ils m'inviteront à partager leur breakfast tout à l'heure.

Ils le prennent dans un petit club ripoliné qui a l'air d'un cottage, et le breakfast doit être excellent...

Je me lierai avec le grand qui a des boutons sur la figure, qui porte des lunettes, mais qui a l'air si heureux ! Et puis avec le colonel, qui remettra pour moi sur son gramophone ce disque américain que je n'ai jamais pu trouver à Paris.

Décidément, je plonge... Non, ce n'est pas le moment. Le jeu est trop engagé. D'ailleurs, l'on n'intervient pas ainsi dans une partie de water-polo, c'est infiniment trop grave. Si, brusquement, sans autre forme de procès, je me mets à taper sur le ballon, comment tous vont-ils prendre cela ?

Il vaut mieux que je me rhabille. Et puis, tout de même, je ne suis pas venu à Colombo pour jouer au water-polo ! Oui, mais si je m'en vais, je déjeunerai solitaire dans cette immense salle à manger du Palace qui, le matin, est tellement triste...

Mon Dieu que je suis malheureux !

Pourquoi suis-je venu à Colombo tout seul ?

Je ne suis pas un héros romantique. Je suis un animal infiniment sociable. Je ne me suffis à moi-même qu'à Paris, parce qu'à Paris la solitude est un entr'acte. Mais, sitôt que l'on voyage, la solitude s'appelle l'isolement.

Évidemment, ma valise est bourrée de lettres de recommandation qui me présentent sous les espèces les plus précises. Mais deux choses font l'amusement du voyage : le fait que l'on ne connaît pas les gens, et le fait surtout que les gens ne vous connaissent pas.

Une lettre de recommandation ruine tout cela. Elle nous rend notre personnalité, cette personnalité qu'au départ nous avions rejetée comme un manteau trop porté. Elle nous situe, nous explique, nous marque. Elle nous rhabille de vieux. Nous redevenons nous-mêmes : c'est déjà l'exactitude du retour.

Que la vie était imprévue à bord du bateau anglais !

Attendri, je revois mes jolies petites Australiennes. Sur la foi de mon visage glabre, elles avaient décidé, le premier jour, que j'étais un officier de marine.

En dansant avec elles, et pour ne pas les décevoir, je leur racontais des souvenirs de Claude Farrère.

Tout ce que l'on dit à bord d'un bateau anglais ne compte pas.

Allons ! la partie de water-polo est finie. Les Anglais sortent du bain et transpirent. Je prendrai mon breakfast tout seul, c'était écrit.

Je me sèche les cheveux, l'âme pleine d'amertume.

Mais pourquoi le géant blond qui remet ses bottes me regarde-t-il avec cette incertitude cordiale ?

Je souris pour l'encourager. Aussitôt, il me reconnaît, se rue vers moi, me frappe sur l'épaule et me crie :

— Dujardin !

— Non, Croisset.

— Moi, je suis Hollicott. Old boy ! je suis si horriblement content ! Vous viens prendre breakfast avec nous. Vous rappelle ? Le Vardar, Salonique, 1917 ?...

— Je n'ai jamais été à Salonique, dis-je, désolé.

Il me considère, interdit.

— Mais, fais-je précipitamment, je vous aurai peut-être rencontré à Ypres ? Ou sur l'Aisne ?

— No, répond le lieutenant, j'ai jamais été.

Il hésite, puis me demande :

— Qu'est-ce que vous étiez sur l'Aisne ?

— Officier de liaison à l'armée britannique.

— Alors, tout est arrangé, réplique-t-il, et vous viens tout de même prendre breakfast avec nous.

Ça y est ! Il y a un bon Dieu !

LE BREAKFAST

Exactement ce que j'avais rêvé : le porridge est brûlant et la crème est fraîche. Comment font-ils pour avoir de la crème fraîche à Colombo?

Sur la nappe à fleurs, des couvercles de métal coiffent des surprises.

Merveilleuse énigme des déjeuners anglais !

Lequel de ces couvercles cache les eggs and bacon, le poisson frit, les sandwiches aux sardines, le haddock? Il y a tout cela, j'en suis sûr, tout ce que j'aime et que je ne digère jamais.

La bouche pleine, je louche vers le gramophone.

— « C'était si joli, le blues de tout à l'heure.

— « N'est-ce pas? » me répond le colonel, dont ma réflexion a fait la conquête.

Joie complète. J'ai faim comme à vingt ans, et je découvre des airs de danse.

J'ai l'âme de Fantasio : ces Messieurs qui mangent sont charmants.

Maintenant, les pipes s'allument. L'odeur du bacon se mêle à la fumée du Virginian.

Que tout cela est prodigieusement britannique !

C'est en vain que, par la fenêtre ouverte, Colombo nous souffle au visage son ardente haleine épicée, en vain que la vérandah s'abrite sous un ficus religiosa à l'ombre duquel Gautama médita jusqu'à ce qu'il eût atteint la sagesse ! Nous ne sommes plus à Ceylan. Tous, du colonel au lieutenant, ont le même regard assuré, le même sourire paisible, la même attitude confortable. Un air de danse du pays, du thé et du tabac blond : ils ont retrouvé l'Angleterre !

UN POINT DE VUE BRITANNIQUE

C'est dimanche. Nous prenons tous le thé dans le jardin du mess, renversés dans des fauteuils de jonc, à l'ombre géante d'un taliput.

Le gramophone est cassé, mais le lieutenant Hollicott, les joues cuites sous ses cheveux de paille, siffle en s'accompagnant au banjo. Les Anglais sont des gens qui chantent mal, mais qui sifflent bien.

De la main gauche, le colonel bat la mesure avec sa pipe, et de la droite renvoie une vieille balle de golf à son fox-terrier. Il s'amuse ainsi depuis une heure.

Soudain, le fox la langue trop longue, renonce, se met en boule et s'endort.

— De mon temps, déclare le colonel, les chiens jouaient plus longtemps. Hollicott, ne sifflez plus. Faites-nous des cocktails.

Un vent gras qui, au loin, ride la mer incandescente, balance lourdement les monstrueuses feuilles du taliput, dispersant un fabuleux vol de papillons verts. L'air sent la tubéreuse, la cannelle et le poivre.

— Vous regardez ce taliput? Savez-vous quel âge il a ? me demande le colonel.

— Très vieux, probablement. Il est immense.

— Un gigolo. L'âge d'Hollicott, vingt ans.

— J'ai vingt-sept ans, sir, corrige Hollicott, qui, pour secouer les cocktails, s'est mis en bras de chemise.

— Une seule feuille de taliput, professe le colonel, sert ici de tente au pèlerin, d'ombrelle et de waterproof au prêtre, de manuscrit au scribe, et servait naguère de dais au roi. Voyez cette feuille. Elle mesure huit mètres. Et à elle seule assume l'honneur d'abriter un état-major anglais.

— Et elle va encore grandir?

— No, mais elle restera ainsi, souple et vigoureuse, jusqu'à cinquante ans. Car cinquante ans, pour le taliput, c'est l'âge ingrat. Tout comme chez les hommes.

— Pour le taliput, sir, corrige Hollicott, l'âge ingrat c'est trente ans.

— Alors, reprend le colonel, nous dirons tout comme chez les femmes ; car, moi j'ai quarante-cinq ans.

— Et à cet âge ingrat la feuille meurt ?

— No. Mais elle se fripe, se dessèche, se ratatine comme un général retraité. Personne de nous ne verra mourir ces feuilles. Même pas vous, Hollicott.

Hollicott rit d'un air enfantin. Il s'est cassé trois dents en jouant au polo. Il semble qu'elles doivent repousser.

— Curieux pays, constate le colonel, vidant son troisième cocktail. Tout y est beau, sauf les femmes. A vingt ans, elles sont fichues.

— Oh ! pas toujours, proteste Hollicott qui rougit.

— Je ne peux pas m'y habituer, grogne le colonel. Elles ont de beaux yeux, mais elles sont trop maigres et leurs cheveux sentent mauvais.

— Cela dépend, proteste Hollicott.

— Hollicott a raison, sir, appuie à son tour le capitaine Jerrimann, le jeune homme qui a l'air si bon et qui a des boutons sur la figure. Je connais une dame qui est ravissante, et pourtant elle aura vingt-six ans l'année prochaine.

— Eh bien, moi, dit Hollicott, celle que je connais va avoir vingt-trois ans.

— C'est sans doute la même, dit le colonel.

— Et vous la connaissez de vue, sir, renchérit Hollicott. C'est la femme de Zaizonou Laïssoura.

J'interromps :

— Laïssoura ! Je dîne chez lui ce soir.

— Qu'est-ce que vous dites ?

Marchant sur la patte de son fox, le colonel s'est dressé, rouge d'indignation.

J'ai eu tort d'avouer cela. Les Anglais ont l'horreur des « natives ». Ils les gouvernent, s'en servent et s'en méfient. Ici, les indigènes ne sont reçus dans aucun club et, contrairement à ce qui se passe aux Indes, c'est à peine si on les invite à des réceptions officielles ou à des bals.

— Vous dînez avec des « natives » ?

Le lieutenant Hollicott vient à mon secours :

— Laïssoura n'est pas un « native » ordinaire. Son père a été créé Sir par le roi Édouard VII. Lui et sa femme aiment les Anglais.

Le colonel grommelle quelques mots dont la traduction littérale est « que M. et Mme Laïssoura peuvent se rendre aux Enfers ».

— Et c'est un « jolly good fellow », continue le lieutenant.

— Oui, c'est, proclame Jerrimann qui, non sans courage, se jette dans la mêlée.

courage, se jette dans la mêlée.

— Il a été à Cambridge, renchérit le lieutenant Hollicott. Son score au golf est 7. Il sait boire et il s'habille comme un Anglais.

— By Jove ! quel enthousiasme, remarque

ironiquement le colonel. Je pense qu'il le doit à sa femme qui aura vingt-six ans l'année prochaine ?

— Pas vingt-six, vingt-trois, rectifie Hollicott.

— En tout cas, conclut le capitaine, elle est tout à fait une dame et lui un gentleman.

— No ! rugit le colonel. No ! ce n'est pas un gentleman. Ce n'est qu'un gentleman de couleur !

Je me mets à rire :

— Voyons ! colonel ! Quel préjugé !

— Ce n'est pas. C'est réel. Vous ne connaissez pas les « natives. » Plus ils sont intelligents, plus ils nous détestent. Ils s'habillent comme des Anglais ? Qu'est-ce que cela prouve, sinon qu'ils nous singent ? Mais ils nous haïssent. Ils voudraient nous voir à la mer. Vous entendez, Monsieur du Croussett : vous dînez chez des gens qui voudraient jeter les Anglais à la mer !

— Je ne suis pas Anglais.

— Vous êtes un Français chimérique ! Ils vous détesteraient aussi si vous aviez notre puissance coloniale. Quand les « natives » n'ont pas des âmes d'esclaves, ils ont des âmes d'insurgés. Ils voudraient être maîtres chez eux.

— Dame ! Mettez-vous à leur place...

— C'est précisément ce que nous avons fait ! Il n'y a pas de discussion possible et j'y renonce, d'autant qu'Hollicott me regarde maintenant avec angoisse, et que le capitaine Jerrimann m'écrase le pied.

Le colonel a tiré un large mouchoir de soie kaki et s'éponge.

— Cette damnée conversation m'a fait transpirer davantage. Hollicott, sifflez. Quand vous sifflez, vous ne dites pas de bêtises. Où est ma balle de golf? Mon chien a assez dormi.

JERRIMANN ET HOLLICOTT

Sept heures du soir. Dans ma chambre humide, je passe un court smoking blanc. J'ai l'air d'un officier anglais ou d'un barman. Un vent poisseux me dépeigne. J'essaie de me refaire une raie devant mon miroir embué. On frappe.

— Come in !

C'est le capitaine Jerrimann et le lieutenant Hollicott, leurs bottes remplacées par des pantalons impeccables. Ils ont un visage grave et des yeux de conspirateurs. Ils ont l'air de deux témoins.

— Nous venons vous chercher pour dîner.

— Pour dîner? Mais je ne peux pas. Je dîne chez Laïssoura.

— Nous aussi.

— Hein? Eh bien, quand le colonel saura cela !

— Oh ! il ne saura pas, dit le capitaine. Depuis

un an, nous dînons chez Laïssoura tous les dimanches.

— Mais alors, ce n'est pas vrai qu'il déteste les Anglais?

— By Jove ! s'écrie le capitaine. Si c'était vrai, est-ce que nous irions chez lui?

— Écoutez, du Croussett, la chose, je vais la clarifier, dit Hollicott qui a appris le français au collège et qui, hélas ! s'en souvient. Le colonel il a de la maniaquerie. Oh ! c'est un soldat splendid... Mais il a fait de la contre-espionnerie durant la guerre. Et il voit le spion partout. Vous comprendre?

— Du Croussett comprendrait mieux si vous parliez anglais comme tout le monde, fait, non sans amertume observer Jerrimann.

— Aux Enfers ! répond Hollicott. Écoutez, du Croussett : la colonel... Est-ce qu'on dit la ou le colonel?

— Le. Tous les grades sont masculins.

— Donc, continue Hollicott, le colonel croit que Laïssoura est un spion. Est-ce qu'on dit le ou la spion?

— Tant qu'à faire, il vaut mieux dire le spion.

— Merci beaucoup. Il croit qu'il est un spion et qu'il est... Comment vous dites?... Affiliated...

— Affilié.

— Oui, à la secte hindoue des Étrangleurs.

— Hein ?

— Et que c'est lui qui a empoisonné, il y a deux ans, lord Koats, une importante émissaire du British military Control.

— Empoisonné, mais comment ?

— A dîner. Au lieu de lui offrir un curry à l'indienne, il lui a offert un curry à l'arsenic. C'était juste comme aujourd'hui, un dimanche.

— Eh bien, dis-je, écœuré, c'est extrêmement désagréable.

— Mais ne vous frappes pas, du Croussett, reprend vivement Hollicott. C'est un mensonge. Lord Koats a claqué naturellement. Une appendicite tonitruante.

— Moi, je pars, déclare Jerrimann qui n'a rien compris et qui s'énerve. Je ne veux pas faire attendre lady Liamoura.

— Oh ! répond Hollicott, elle a des habitudes françaises. Elle est toujours en retard pour le dîner.

— Qui appelez-vous lady Liamoura ?

— Mais, s'écrie Jerrimann, la femme de Zaïzonou Laïssoura. Ah ! ça, vous ne les connaissez donc pas du tout ?

— Non. Un de mes compatriotes m'a remis une lettre d'introduction pour eux. Ils m'ont répondu par une invitation à dîner.

Dans l'ascenseur, Hollicott affecte de parler français et de prononcer à tout propos le nom de lady Laïssoura, ce qui fait pâlir Jerrimann.

— Vous verras, me confie-t-il, comme lady Laïssoura joue bien de la banjo. Encore mieux que moi !

L'auto du capitaine nous attend. Mais je préfère mon rickshaw. Je propose à Hollicott de m'accompagner, à la joie brusque de Jerrimann qui démarre à toute allure.

— Il est content, me dit Hollicott, parce qu'avec son damné auto il verra lady Laïssoura une demi-heure avant moi.

— Oh ! je suis désolé... Je...

— Ne soyez pas. Le marié est toujours là.

— Ah !

— Il est toujours là, le dimanche... Est-ce qu'on dit le ou la marié ?

— Dans ce cas-ci, il vaut mieux dire le mari.

— J'aime le français. C'est si drôlement compliqué, dit Hollicott.

*
* *

Mon coursier empoigne les brancards et la tête levée, bombant la poitrine, détale, antique.

Joie d'aller dîner ainsi, armé d'un chasse-mouches et vêtu d'un smoking blanc. Je me sens l'âme d'un jeune premier au deuxième acte colonial d'une opérette anglaise.

Hollicott s'installe, replie ses longues jambes kaki, me donne un coup de poing cordial, tire sa pipe, la tape avec violence contre sa semelle, la bourre, l'allume et me dit :

— Je voudrais, du Croussett, que lady Laïssoura te fassiez une grande impression.

— Elle est intelligente ?

— Ça, je me la fiche, répond Hollicott.

— Ah !

— Oui. Quand une dame est fascinante, donne de la bonne nourriture et joue bien de la banjo, à mon âge, qu'est-ce qu'on peut bien lui demander de plus ?

— Évidemment.

— Oh ! lady Laïssoura, quand nous avons débuté à la connaître, nous faisait inconfortables. Elle nous reluquait avec des yeux noirs trop fixes et une si drôle de petite sourire oriental dans le coin. C'est son mari qui nous a invités le premier. Ça a brisé le miroir.

— Il n'est pas jaloux ?

— Pourquoi serait-il ? L'épouse flirte, mais c'est tout.

— Bigre ! A votre âge, cela ne doit pas vous suffire, ni à Jerrimann non plus.

— Oh ! mais j'ai la dactylographe de l'état-major.

— Et Jerrimann ?

— Il a la même dactylographe.

— Et elle est jolie ?

— Si elle était jolie, nous n'aurions pas la même dactylographe. Vous tâche comprendre, cher du Croussett. C'est de la psychologie anglaise. La dactylographe, c'est pour la santé ; mais lady Laïssoura, c'est pour le cœur.

— J'ai très bien compris.

— C'est parce que vous as du sang anglais, conclut Hollicott.

— Et c'est loin d'ici ?

— Avec le rickshaw, vingt minutes. Tenez, regarde. Nous sors des faubourgs. C'est maintenant la quartier élégant.

La large route bifurque, puis s'allonge, droite, plate, miroitante et rouge, comme un canal au soleil couchant.

De chaque côté de la route, des villas blanches à colonnades roses. Chaque villa est assiégée par son jardin.

A Ceylan, tout l'effort de l'homme étant d'arrêter la nature, les jardiniers, ici, ne plantent rien, ils arrachent.

— J'ai un ami, me dit Hollicott, qui avait une cottage ici. Il a pris le bateau pour marier une jeune fille en Écosse. Après six mois, il est revenu tous les deux. Il était heureux de montrer sa petite cottage à son épouse. Mais il avait oublié de laisser une jardinier. Alors, vous devine ce qui est arrivé?

— Ma foi non.

— Eh bien, à son retour, mon ami a trouvé une prairie dans son salle à manger, et deux grands cocotiers dans sa petite salon.

— Sa femme n'a pas dû être contente.

— Le premier soir, elle était contente tout de même, car il y avait de l'oiseau dans les cocotiers et que c'est une fille poétique. Mais le deuxième soir, elle a rencontré aussi trois scorpions et une perfide serpent noir. Alors, elle était moins contente.

Un silence. L'ombre chaude nous oppresse. J'allume une cigarette. Hollicott rebourre sa pipe, et de temps en temps me sourit avec une affectueuse indifférence.

Maintenant, la route plus étroite s'allonge entre deux formidables rangées de colonnes qui, tout là-haut, deviennent des palmiers. Nous baignons dans une verte nuit d'aquarium. Ronde et plate, la lune est montée, une fulgurante lune de platine. Je regrette mes lunettes..

— Du Croussett...

— Oui.

— J'ai oublié... Est-ce qu'on dit le ou la colonel?

— Oh ! on dit les deux.

— Mais je croyais que tous les grades...

Je n'écoute plus. J'écoute la nuit. Elle m'apporte un avant-goût de la jungle. Elle est toute criarde d'insectes. D'immenses chauves-souris volent d'arbre en arbre. Et dans le clair de lune passent des oiseaux inconnus. Brusquement, comme un cheval fait un écart, notre coureur s'arrête, saute par-dessus quelque chose de rampant et d'oblique, puis repart.

— Est-ce qu'on dit le ou la serpent ? demande Hollicott.

Soudain, un virage aigu. Une allée de parc, une allée suffocante, voûtée et comme encombrée d'odeurs. Puis, à ciel ouvert, un gai cottage clair devant le plus classique des jardins anglais.

— Comment, c'est ici ?

— Oui, dit Hollicott. Et, n'est-ce pas ? on dirait une maison sur la Tamise.

Notre coureur, fichant les brancards en terre, stoppe devant les marches blanches du perron.

A notre gauche, à travers la porte ouverte d'un garage, une Rolls s'allonge. Là-bas, un tennis trempe dans le clair de lune.

— Je ne vois pas l'auto de Jerrimann, remarque Hollicott.

— Chut ! dis-je, écoutez...

Quelqu'un rit et quelqu'un chante — une voix de femme... Une voix jeune. Elle chante la scie anglaise à la mode :

> *Oh ! Baby. Oh ! Baby !*
> *Don't say no. Say may be...*

— C'est elle qui chante, constate Hollicott.

— Et c'est Jerrimann qui rit. Vous croyez que le mari est là ?

— Cela ne fait aucun doute, répond Hollicott d'une voix pourtant étranglée.

Soudain, plus rien. Ni rire, ni chant. Rien que les mille appels stridents de là lourde nuit confuse. J'ai l'impression d'être indiscret.

— La sonnette ? s'écrie Hollicott.

Mais notre coureur a frappé dans ses mains. Aussitôt, rageurs, deux sealyhams alertent le perron, qui s'allume. La porte s'ouvre. Un boy résineux surgit, en robe blanche.

— Is Sir Laïssoura at home? demande précipitamment Hollicott.

Le boy acquiesce.

— Vous vois, dit triomphalement Hollicott. Toujours là le dimanche.

UN MÉNAGE CINGHALAIS

La plus britannique des antichambres. L'inévitable fauteuil Renaissance devant une table de Chippendale. Aux murs, des gravures hippiques : les chevaux vainqueurs du grand prix d'Epsom. Huit heures sonnent à l'étroit dans une haute pendule d'acajou. Je bouscule un sac de golf au garde-à-vous contre la rampe de l'escalier.

— N'est-ce pas, on est chez soi, dit Hollicott.

— Qui dois-je annoncer ? demande le boy.

— Inutile, déclare le lieutenant, qui le rembarre et s'apprête à grimper les marches.

Je proteste :

— Je ne les connais pas. Il vaudrait mieux...

— Alors, interrompt Hollicott, impétueux, je vous annonce et je rapplique. Si vous veux, vous profite pour vous laver les mains.

Il est curieux que ce soit la première chose que l'on vous propose, sitôt franchie, ne fût-ce que d'un kilomètre, l'enceinte d'une cité, comme si l'air trop pur vous les salissait. Mais au fait, pourquoi pas?

Je pousse une petite porte. Ce doit être là. C'est la bibliothèque. De somptueuses reliures entourent la pièce, derrière des grillages dont l'un est entr'ouvert. Laïssoura a sans doute travaillé avant dîner, car les livres sont en désordre, et un volume resté ouvert traîne encore sur la tablette, à côté de notes griffonnées.

Que peut-il bien lire? Je regarde. C'est un bouquin allemand et cela s'appelle : *India unter denn Pantoffel Englands*, l'Inde sous la botte des Anglais. Tiens ! tiens !

Voyons donc les autres... Ah ! ça, mais tous sont donc allemands? *La terreur anglaise aux Indes*; *L'Inde, ou le martyre d'une race*. Enfin, un livre anglais, — écrit en anglais, plutôt, car il est édité à Dublin : *Les droits de l'Irlande*. J'avise un livre de chez nous : Pierre Loti, *L'Inde sans les Anglais*.

Je commence à croire que le colonel...

— Vous es là, du Croussett?

Je ressors précipitamment.

— Voici sir Laïssoura, dit Hollicott.

Une fragile gravure de modes descend l'escalier d'un pas élastique. Depuis le faux-col jusqu'aux impeccables souliers, tout vient de Londres. Tout, mais pas la tête.

Vingt-huit à trente-trois ans. Un teint marron de mur pompéien sous des cheveux collés de laque noire. Un nez autoritaire. Une moustache bleue coupée à la Charlot sur des lèvres presque violettes. Et, débordant leurs lunettes d'écaille, des yeux obscurs et luisants dont la cornée a la jaunisse.

— Soyez le bienvenu, Monsieur, me dit dans le meilleur anglais sir Zaizonou Laïssoura.

La voix est onctueuse, chaude, un peu rauque. Me serrant la main, de ses doigts durs et grêles, il ajoute d'un ton simple qui me surprend :

— Nous avons trop rarement le plaisir de voir un Français.

— Par contre, old boy, dit Hollicott qui rit, vous voyez beaucoup d'Anglais.

— Oui, répond Laïssoura avec une politesse infinie, beaucoup. Ma femme vous attend. Voulez-vous que nous montions ?

— Avec plaisir, s'écrie Hollicott, qui regrimpe les marches quatre à quatre. Et vous verras, du Croussett, comme le salon est anglais.

Il est loyaliste, — et c'est mieux qu'un salon, c'est un programme. Je ne croyais pas que l'on pût encore rencontrer la reine Victoria. Elle est là pourtant, sur un chevalet, entre une table de bridge et un gramophone, la poitrine barrée du grand cordon et sa petite couronne glorieuse sur l'occiput.

Elle contemple, satisfaite, le parquet glacé, le mur de stuc où pend un faux Turner, le guéridon d'acajou où des sodas en bataille assiègent un flacon de whisky, les six fauteuils Directoire en citronnier et la bergère aux coussins de skins.

Des appliques George III toutes neuves, aux médaillons pompéiens, éclairent doucement la pièce de leurs fausses bougies qu'abritent de classiques écrans de soie verte.

Sur le piano, un cadre d'argent à couronne fermée trône. Je parie que c'est le Prince de Galles. Je louche dessus. J'ai perdu ! c'est le roi d'Angleterre.

Vivement, à notre entrée, le capitaine Jerrimann s'est redressé. Dommage ! Assis par terre, au pied du divan où la brune dame au banjo repose, il composait avec elle une chaste mais savoureuse affiche de propagande coloniale : « Le Flirt à Ceylan, ou la paix dans nos dominions ».

Hollicott n'a pas l'air content. Il épie, soupçonneux, son camarade Jerrimann qui, pour mieux le faire enrager, se cambre, avantageux.

Mais le mari, dans tout cela ? Pour décente

que soit l'idylle, elle peut ne pas être à son goût.
Entré le dernier, peut-être n'a-t-il rien vu ? Cependant, sa jeune femme s'est levée et vient au-devant
de nous d'un pas de porteuse d'amphore. Je les
regarde elle et lui. Un même sourire amusé et
complice a brillé un instant sur leurs lèvres.
L'on se moque de quelqu'un ici.

— N'est-elle pas ravissant ? me murmure Hollicott.

Et c'est vrai qu'elle est exquise. Grêle, menue
et d'aspect enfantin, il semble qu'elle doive
encore grandir. C'est la première Cinghalaise que
je vois ayant des cheveux courts. A la contempler
près de son mari, sa peau paraît presque claire.
Son cou fragile et ses petites épaules brillantes
sont en terre cuite. La robe de mousseline impri-
mée vient de Paris, ce qui est encore tout à fait
anglais.

Le visage est extraordinaire.

D'une tempe à l'autre, un seul sourcil. Elle
s'est mis du rouge, ce qui lui fait des joues peintes
sur bois. Son minuscule nez arien contredit une
petite bouche proéminente de négresse, — une
bouche qui s'est trompée de visage. Ses yeux sont
encombrants, si grands et si noirs qu'elle a l'air
de porter un loup. Ses cils trop longs doivent
la gêner. Comment fait-elle pour nous voir ?

— Darling, dit Laïssoura, je vous présente M. de Croisset.

Elle me tend une main frêle dont les os semblent friables. Je m'incline sur ses doigts aigus, bouclés de perles.

Elle ne doit être habituée qu'aux shake-hands, car elle me regarde avec une curiosité bienveillante.

— Je suis ravie, Monsieur. Nous voyons trop rarement un Français.

La même formule que le mari. Ils ont dû répéter.

Un temps, comme l'on dit au théâtre.

— Je crois que nous pourrions passer à table, conseille Laïssoura, qui a sonné.

— Vous sais, du Croussett, s'écrie Hollicott, rompant la glace, lady Laïssoura débite la français encore mieux que moi.

— Est-ce possible, Madame?

Mon sourire réprimé la fait éclater d'un rire lumineux. Son petit visage nocturne est tout badigeonné de jour.

Ouvrant une porte à deux battants, un serviteur, plus sombre d'être en robe blanche, annonce :

— Diner is served, mylady.

— Passons à table, Monsieur, dit d'une voix chantante, mais en vrai français, lady Laïssoura.

Puis, me prenant le bras, elle reprend :

— Passons à table, « Monsieur du Croussett ».

MISS DOROTHY UNDERFIELD
ET SES AMOUREUX

La dactylographe de l'État-Major, l'hygiénique maîtresse de Jerrimann et d'Hollicott, n'a pas eu de veine. Elle a été piquée au doigt par un scorpion en ouvrant sa machine à écrire.

Ayant de la copie en retard, et douée d'une âme consciencieuse, elle était arrivée au secrétariat avant l'ouverture des bureaux, de sorte qu'une fois piquée elle a dû appeler au secours jusqu'à l'heure réglementaire.

L'on a aussitôt cautérisé la plaie et tué l'animal, qui n'était pas noir comme c'est la coutume des scorpions du pays, mais entièrement bleu. Le docteur s'en montra fort ému, car il ignorait l'espèce des scorpions bleus et leur danger. Mais le colonel, s'étant fait apporter l'insecte, déclara qu'il déteignait et qu'il avait dû passer une nuit inconfortable dans le papier carbone. Soignée trop tard, et victime de son zèle, la pauvre fille eut le délire pendant vingt-quatre heures et la fièvre durant huit jours. Grasse et menacée d'embonpoint, elle est sortie de là diaphane.

— Elle est devenue presque jolie, m'a confié Hollicott.

Lui et Jerrimann se sont cotisés pour lui offrir une convalescence sur un pic. Encore que les pics ne manquent point à Ceylan, le choix du séjour fut laborieux.

Jerrimann optait pour une auberge intitulée : « l'Adam's Palace », à mi-côte du pic d'Adam, lequel, comme chacun sait, fut le berceau de la race humaine. C'est là, nous apprend la légende, que fleurissait le paradis terrestre. Adam et Ève y naquirent, et le pays n'a point cessé d'être fréquenté par les serpents. Le guide de l'Adam's Palace montre encore aux touristes, que l'ascension a fatigués, l'emplacement exact du fameux pommier.

A la vérité, cette légende n'est point sans rencontrer de contradicteurs. Les bouddhistes, si nombreux à Ceylan, affirment que la montagne ne devrait pas s'appeler pic d'Adam, mais bien le Scri-Pada, ce qui signifie le Pied divin. L'on voit en effet, à la pointe extrême du pic, une empreinte géante qui n'est autre que celle du pied de Bouddha. A quoi les Hindous de l'île apportent un

démenti gênant, car ils savent que l'empreinte
est due, non au pied dérisoire de Bouddha, mais
à celui infiniment plus vénérable de Vichnou.

Quoi qu'il en soit, le pic est sanctifié, et les
pèlerinages qui s'y contredisent entretiennent sur
ses pentes fleuries une agitation pittoresque,
bien susceptible d'égayer la convalescence d'une
jeune dactylographe.

Mais lorsque ses deux amis lui proposèrent
cette villégiature, miss Dorothy Underfield — car
tel est son nom — fondit en larmes, déclarant
qu'elle aimerait mieux être piquée une seconde
fois plutôt que d'habiter l'horrible auberge de cette
horrible montagne.

Pour la consoler, Hollicott n'hésita pas à lui
offrir, sur un pic infiniment plus à la mode, un
coûteux séjour à Nuwara-Eliya. Elle y rencon-
trerait la société élégante, verrait passer le gouverneur dont c'est la résidence d'été, et, respirant
un air glacé, pourrait se croire en Angleterre.

Mais Dorothy Underfield appartient à cette
« middle-class » de l'Oxfordshire, pleine de dignité
et de mesure. Elle déclara qu'elle n'était pas venue
sous les tropiques pour s'acheter des fourrures,
que parmi tous les snobs de Nuwara-Eliya elle se
sentirait un paria, et qu'elle se fichait absolument
du gouverneur.

Par contre, elle aimerait beaucoup monter à Kandy. L'on disait que c'était si beau ! Déjà, en Angleterre, on lui en avait parlé. Une amie de sa mère, la femme d'un pasteur, en avait rapporté des aquarelles. C'était tout bleu, tout rose et tout mauve. Elle savait qu'au milieu de la ville il y avait un lac si propre, avec des lotus et des cygnes. Peut-être, quand son doigt serait guéri, pourrait-elle y faire du canotage ?

Dans leurs lettres, toutes ses amies lui demandaient si elle avait été à Kandy. Là, du moins, elle ne s'ennuierait pas une minute. Elle aurait tant de cartes postales à envoyer ! Elle trouverait pour se loger un hôtel convenable, mais modeste, n'aurait pas à faire les frais d'une robe du soir et d'une étole en faux léopard, — luxe qu'eussent exigé l'étiquette et le climat de Nuwara-Eliya, — et jouirait pourtant de nuits plus fraîches qu'à Colombo. Et puisqu'elle avait été assez raisonnable pour renoncer une villégiature ruineuse, ses amis, en admettant qu'ils eussent l'idée spontanée de lui offrir un kodak, une valise neuve et un petit gramophone pour les soirs où elle dînerait tout seule, ses amis réaliseraient encore une véritable économie. D'ailleurs, Kandy n'étant par le train qu'à sept ou huit heures de Colombo, Jerrimann et Hollicott, en voyageant de nuit, pourraient venir passer le week-end avec elle, chacun à tour de rôle, et sous la condition, bien entendu, de la traiter comme ils l'avaient toujours fait, c'est-à-dire comme une sœur.

Quant à la question de savoir qui des deux la rejoindrait le premier, elle entendait ne pas s'en mêler et ne tolérer à ce sujet aucune dispute.

Ils n'avaient qu'à s'en remettre au sort, ainsi qu'avant dîner elle les avait vu faire, lorsqu'au bar, sur le point de régler les cocktails, en selle sur de hauts tabourets, ils se défiaient l'un l'autre, un cornet de dés à la main, tels deux chevaliers qui, sur leurs destriers, s'affrontent pour le jugement de Dieu.

C'est ainsi qu'ayant tout prévu, dans un esprit éminemment décent, pratique et conciliateur, miss Dorothy Underfield, munie d'une valise neuve, partit pour Kandy où depuis dix jours elle reprend du poids, à l'hôtel de Bouddha et du Lac.

*
* *

Je monte moi-même à Kandy tout à l'heure. Le capitaine et le lieutenant n'ayant pu s'y rendre pour le week-end, j'ai imprudemment consenti à me charger pour miss Underfield de quelques menus colis. Mais j'ignorais que ce matin, 8 avril, tombât précisément son jour de naissance, et les envois ont été nombreux.

J'ai tout casé, ou à peu près, grâce à la performance du portier et du garçon d'étage, qui, sautant à pieds joints sur ma malle, ont fini par la terrasser. Elle ferme, et je crois aux miracles !

Les colis de Jerrimann, d'une ampleur particulièrement pénible, contrastaient avec ceux, infiniment discrets d'Hollicott, et se reconnaissaient, dès le premier coup d'œil, à un je ne sais quoi de cossu.

— « C'est que, vous comprendre, du Croussett, m'expliquait hier le lieutenant, Jerrimann est capitaine. Il doit faire beaucoup plus que moi. »

Au reste, tous deux m'ont remis le tableau détaillé des offrandes avec les noms des donateurs :

Gramophone : Jerriman	Un disque Caruso : Hollicott
Kodak : Jerrimann	Six films : Hollicott
Boîtes à cigarettes en écaille du pays : Jerrimann	Cigarettes du pays : Hollicott
Écritoire : Jerrimann	Porte-plume : Hollicott.
Panier à provisions : Jerrimann	Provisions : Hollicott

Assis sur la malle aux trésors, j'imagine dans sa chambre de l'hôtel de Bouddha et du Lac les

transports de miss Underfield déballant les précieux paquets.

Je l'évoque éblouie par les dons de Jerrimann,
mais attendrie par ceux d'Hollicott ; appelant
une amie pour lui faire admirer le gramophone,
mais versant une larme sentimentale sur le disque
Caruso. Sans doute, le soir même, écrira-t-elle,
appliquée et reconnaissante, une lettre de huit
pages au capitaine, mais non sans avoir, au préa-
lable, griffonné, un peu fiévreuse, un doux billet
au lieutenant. Car les femmes préfèrent aux
jeunes gens riches qui leur envoient de magnifiques présents, les jeunes gens pauvres qui ne
leur adressent que des souvenirs.

Plus une femme est contente d'un cadeau,
moins elle en est heureuse. Et, certes, miss Underfield doit tenir à Jerrimann, mais ce soir elle aimera
Hollicott.

UNE VISITE

Hélas ! comme l'on dit dans le théâtre classique, il faut quitter ces lieux. Huit heures. Le soleil est déjà terrifiant. Mais, l'un après l'autre, l'indolent portier de nuit, la jeune femme de chambre aux yeux byzantins, le glissant garçon d'étage et le sombre boy du lift, viennent me souhaiter bon voyage. J'ai l'impression de recevoir.

Tous, pieds nus, apparaissent sans frapper, avec des sourires à pourboire. Huit porteurs font une entrée de ballet et ressortent. Leur nombre flatteur amplifie mes bagages. Enfin, la visite suprême et péremptoire : le maître d'hôtel me tend ma note. Il ressemble à un roi mage.

Allons ! Un dernier coup d'œil aux lézards de cette chambre qui a cessé d'être à moi. Mon casque, mon chasse-mouches, mes lunettes... j'ai bien tout. Le sentiment d'oublier quelque chose, mais c'est maladif. Ah ! si... mon guide Joanne.

Il est là, sous mon lit, ouvert à la page de Kandy. Quelle merveilleuse promenade je vais faire. L'auto m'attend, une Ford dont le chauffeur ne parle même pas anglais. Quelle joie de savourer tout seul, en égoïste, mes premières impressions de la Forêt formidable ! Je déjeunerai dans le resthouse indiqué au guide Joanne, et, prenant le café sous un pankha qu'un serviteur indigène...

Mais soudain un bruit d'éperons, et ma porte s'ouvre avec fracas :

— Merci Dieu ! Vous es encore là.

C'est Hollicott, en tenue de guerre, bottes n° 3, revolver et canne d'alpiniste.

Il a l'air radieux et important.

— Qu'est-ce qui vous arrive?

— Une nouvelle splendid.

Il prend un temps pour ménager son effet, puis explose :

— Le colonel m'envoie en mission spéciale à Trincomalee.

C'est absolument sans intérêt, mais je manifeste une politesse enthousiaste :

— Et que c'est gentil à vous d'être venu m'annoncer cela avant mon départ. Mais si vous voulez bien, nous descendrons ensemble. Mon auto m'attend.

— No. Elle n'attend plus. Je l'ai renvoyée.

— Qu'est-ce que vous dites?

— Vous aviez une Ford. Vous as maintenant une Rolls.

— C'est une plaisanterie !

— Ce n'est pas, cher du Croussett ! C'est ça, la nouvelle splendid. Vous as la chance de venir avec je dans la Rolls de l'État-Major. Moi, je profite pour remettre les beaux cadeaux à Dorothy. Et après, si vous veux, vous regrimpe dans la Rolls et je vous laisse tomber dans la jungle. C'est sur mon chemin. Vous pas content?

Je lui souris, exaspéré.

Il rit, me tape sur l'épaule avec une violente cordialité, ouvre la porte au roi mage qui chancelle sous un plateau pour ogre ; s'installe, avale son porridge, soulève trois ou quatre couvercles, remet à plus tard les eggs and bacon et le poisson frit et attaque un foie de veau.

C'est intolérable !

— Vous ne comptez pas dévorer tout cela avant notre départ? lui dis-je, amer.

— Il faut. Ce n'est pas uniquement par plaisir. Vous avez breakfasté?

— Digéré. Je n'ai pris qu'une tasse de thé, moi.

— Vous avez donc demandé de la victuaille avec vous?

— Non.

— Alors, vous es frivole comme une vraie Français. Vous trouve rien jusqu'à Kandy.

Irrité, je lui montre mon guide :

— Rien ? Et ce rest-house ?

— Ce n'est pas la saison. Vous dois télégraphier la veille.

— Allons donc ! Le patron du rest-house a bien un poulet.

— Et même s'il avait ! s'écrie Hollicott. A quoi ça te sert d'avoir une poulet si vous êtes Hindou. Il ne peut pas la cuire puisqu'il ne peut pas la tuer.

— Mais sapristi ! vous le dites vous-même ! Si on télégraphie la veille, on vous sert un poulet.

— Parce qu'alors, dit Hollicott, le patron a le temps de faire rechercher dans le village l'Hindou qui s'est converti à la religion protestante. Il y a toujours un.

— Enfin, dis-je à bout d'arguments, ils mangent quelque chose ces gens-là !

— De la coco.

— Quoi ?

— Et de la piment. Puis, impartial, il ajoute : Et aussi de dégoûtantes petites herbages dans un riz encore plus dégoûtant. Vous sonne, du Crous-sett, et demande un breakfast.

J'obéis, résigné à tout !

***

Nous ne sommes pas encore partis. Dans le hall, Hollicott, ayant tiqué sur des cartes postales, a tenu à adresser un bref, mais tendre adieu, à lady Laïssura. Il s'y est repris à trois fois. Il a tout d'abord signé : yours ever, puis yours truly, enfin : your most truly, ce qui paraît le satisfaire.

— Comme ça, elle comprendra, me confie-t-il.

Devant l'hôtel, la Rolls de l'État-Major étincelle. Le jeune soldat au volant pourrait être le frère du lieutenant. Ce sont les mêmes yeux bleus et le même visage net et cuit.

Avant trente ans, et après soixante, tous les Anglais se ressemblent. Entre temps, il y a une trêve.

— Vous ne vous fâcherez pas, dis-je en riant, si je vous fais part d'une impression ?

— Si ce n'est rien contre l'Angleterre, spécifie Hollicott sur ses gardes.

— Je ne crois pas ! Je trouve simplement que votre chauffeur vous sert de sosie.

— Vous tirez ma jambe ! s'écrie Hollicott, choqué. J'ai le type anglais, j'espère ?

— Eh bien, et lui?

— Il est Australien. Il n'y a qu'un Français pour ne pas voir l'immense différence.

Il m'agace, mais je n'insiste pas et je cale mes valises. Mais où sont celles d'Hollicott? Je n'aperçois qu'un fusil de chasse, un fourreau à bottes et un sac de golf.

— Qu'est-ce que vous cherche?

— Vos bagages.

— Là, sous votre pied. Cette petite chose plate et marron.

— Et c'est tout?

— Naturellement, c'est tout. Je voyage pas avec une malle comme une femme ou comme un Français.

Ah ! mais, il m'embête !

— Les Français, lui dis-je, peuvent parfois, grâce à leurs malles, se charger de sordides cadeaux anglais.

— Oh ! je suis triste... je n'ai pas prémédité, dit Hollicott, soudain repentant et remisé. Vous pardonne?

— Oui. N'en parlons plus.

Le chauffeur met le contact et Hollicott tire sa pipe. Il a l'air perplexe :

— Du Croussett?

— Oui.

— Qu'est-ce que ça veut dire des sordides cadeaux ?

— Ça veut dire des cadeaux magnifiques.

— Oh ! merci beaucoup.

Ayant, par cette traduction un peu libre, scellé notre entente cordiale, nous ajustons nos lunettes, tandis qu'empanachée d'une torride poussière rouge, la Rolls de l'État-Major s'élance vers Kandy.

VERS KANDY

LES ANTICHAMBRES DE LA JUNGLE

La piste, déblayée à coups de hache, troue la jungle. Nous roulons sur un sol spongieux où mille choses vertes rampent, volent ou sautent.

Le soleil ne se voit nulle part, et sa réverbération est partout. Rien n'est éclairé et tout étincelle. Dans l'auto, Hollicott, ruisselant, ne bouge plus, photographié au magnésium.

Des deux côtés de la piste, la jungle nous cerne. Sa sombre masse invulnérable nous menace de ses rameaux velus, nous cherche de ses branches qui ont l'air de reptiles, nous agrippe de ses lianes qui ont l'air de pieuvres.

Par ses ronces griffantes, par ses géantes épines, par le glaive de ses cactus monstrueux, elle nous attaque, silencieuse. Ses racines, débordant la piste, sillonnent le sol qu'elles creusent ou qu'elles crèvent, et grouillantes, s'enchevêtrent sous nos roues. Tandis que là-haut la verte armée aux bras tordus, par-dessus la piste qu'elle ignore, reforme ses faisceaux en plein ciel.

Nous roulons sous ces nefs obscures.

— A la prochaine éclaircie, nous baisse la capote, dit Hollicott, qui fouetté par un rhododendron, vient de remuer.

— Nous étoufferons davantage.

— C'est la soleil qui nous étouffe.

— Où ça, «—la soleil » ? fais-je, exédé. Je lui montre un dôme vert à vingt mètres au-dessus de nos têtes : nous roulons sous une coupole.

— Enlevez votre casque, conseille Hollicott gouailleur. Vous verras.

J'enlève mon casque. Aussitôt une brûlure atroce. Je le remets, épouvanté ! Hollicott se tord :

— Vous es pas encore habitué, du Croussett. Et ça, c'est rien. C'est dans la jungle que vous la sentiras passer !

— La jungle? Mais nous y sommes !

— No. Pas la vraie. La vraie, c'est après Kandy, quand vous redescend vers le centre.

— Et c'est plus fantastique qu'ici?

— Énormément ! Et il est aussi énormément plus chaud.

Je l'écoute accablé, mais ravi. C'est tellement ce que j'avais souhaité !

Hollicott se résume :

— Vous comprendre, du Croussett : ici, vous trempe dans la bain-marie, mais là-bas, vous mijote dans la marmite.

Il réfléchit et reprend :

— Les touristes qui craignent la congestion cérébrale emportent du glace pilé dans un sac de caoutchouc. Mais en cette saison, il fond.

— Elle fond, dis-je machinalement. Glace est du féminin.

— Oui, répond Hollicott. Mais je parle pas de la glace, je parle du caoutchouc.

Il regarde quelque chose au loin, échange deux mots avec son chauffeur, puis m'apprend :

— Nous arrive bientôt à une village. Vous vois pas ?

— Non.

— Vous vois pas là-bas, comment vous dites... une calvitie ?

— Une éclaircie. Si. Eh bien ?

— Eh bien, c'est ça. Les calvities sont si rares dans cette damnée forêt que la village en profite tout de suite pour pousser dessus.

LE CROCODILE

C'est un village, en effet, un maigre village de boue, pris dans l'étau de la jungle. Nous avons insensiblement monté, car le pays est différent, marécageux au premier plan et, là-bas, escarpé. Séparant un fouillis de verdures, des rizières inondées escaladent la montagne de leurs gradins miroitants.

C'est le moment de baisser la capote. Nous descendons, mais dans une fusillade. Ce sont les quatre pneus qui viennent d'éclater, fraternels. Le village est alerté, et tout ce qui ne travaillait pas aux rizières surgit et nous entoure.

Voici le chœur des vieillards. Ils ont des barbes pacifiques, un torse nu sur un jupon et de tendres yeux d'antilopes. Leurs compagnes osseuses, au sourire ruiné, ratent leur entrée en haillons écarlates.

Voici le pas des jeunes filles qui, couvertes de

tous leurs bijoux, déclarent ainsi loyalement leur dot. Drapées dans des cotons violents, les mères suivent, alourdies par leurs enfants nus qu'elles portent sur la hanche et maintiennent d'un bras cerclé d'or.

Grêles, tous les petits garçons et toutes les petites filles du village se sont approchés, effrayés, mais curieux. S'apprivoisant peu à peu, ils font la chaîne autour de l'auto, se tenant par le petit doigt, et, pour mieux l'admirer écrasent contre les ailes leur gros petit ventre bouddhique.

Nous laissons le chauffeur qui n'est qu'Australien se débrouiller avec les roues de rechange, et nous faisons quelques pas.

Quelle joie incomplète qu'un voyage en auto ! C'est un film qui tourne trop vite. A notre gauche, là où s'ouvre la sombre boucle de la jungle, je n'avais pas remarqué ces marécages qui fument sous un étrange parc aquatique.

Jusqu'au pied des rizières où travaillent les buffles bossus, ils s'étalent avec leurs gaz, leurs tourbillons d'insectes et leurs bandes criardes d'oiseaux.

Nous avons atteint les marais dont la couleur terreuse prolonge traîtreusement celle du sol. L'eau épaisse est atone. Elle est sans reflets et sans vie. Soudain, une grosse bulle d'air crève la vase et quelque chose de glissant passe, luit et s'enfonce dans une tempête de vagues poisseuses.

Qu'est-ce qui peut bien faire ce remue-ménage?

Intrigué, je plonge ma canne et cherche, quand brusquement je me sens tiré en arrière. C'est Hollicott.

— Si vous commence dans cette pays, dit-il, indigné, à faire du sport avec votre canne dans toutes les marais, vous rentre jamais à Paris !

— Pourquoi? Qu'est-ce qu'il y a là-dedans?

— Un peu de tout.

— Des moustiques?

Il hausse les épaules :

— Ça, vous trouve partout. Tenez, voilà une des habitants. Regardez cette chose qui vient se baigner.

A quelques mètres derrière nous, mais dédaigneux de notre présence, un petit crocodile s'avance, placide. Mais pas l'ennuyeux crocodile des livres scolaires, — le classique tronc d'arbre qui a eu mal aux feuilles ! Non. Ce crocodile qui passe est charmant. Il est vert et cuivre, avec des reflets d'or. Son ventre plus clair est en cuir mandarine. Il a l'air d'être relié. Remontés par un mouvement d'horlogerie, son cou et sa gueule, d'un seul tenant, se déplacent doucement de droite à gauche et de gauche à droite, mécaniques.

Il est merveilleusement imité.

— Ce n'est pas encore un crocodile, dis-je. Il débute.

— C'est un cousin. J'ai oublié le nom. On fait des souliers avec son peau, me répond Hollicott.

— Un ravissant jouet d'enfant, dis-je. Mais je voudrais le voir trotter.

Je fais un pas ; Hollicott m'arrête, menaçant :

— Vous prends garde ! Si vous l'agace, ça court sur vous comme une vache, et ça vous quitte avec votre jambe.

Je souris, incrédule. Hollicott, vexé, cherche par terre quelque chose qu'il ne trouve pas, fouille dans ses poches, puis me demande :

— Vous as pas des sous sur vous ?

— Pourquoi, dis-je. Vous voulez acheter le crocodile ?

Il referme son poing sur mes sous, prend la pose du Discobole, lance de toutes ses forces les sous dans les yeux du saurien, et, les coudes au corps, détale vers l'auto.

Le crocodile, — ou plutôt son cousin, — écartant les mâchoires, s'ouvre en deux, tourne, vertigineux, sur lui-même, file vers le marais, plonge et disparaît.

Hollicott revient, essoufflé.

— Eh bien, lui dis-je, triomphant, il ne vous a pas poursuivi.

— Le tour est raté, conclut Hollicott.

LES ÉLÉPHANTS

Dans l'auto aux roues rajeunies, nous savourons enfin un air à peu près respirable. Nous ne sommes plus qu'à une vingtaine de kilomètres de Kandy, et nous commençons à voir les premières fougères, des fougères arborescentes, plus hautes que les arbres de chez nous.

Retour des rizières, de grands buffles passent, — minuscules.

— Quand verrons-nous des éléphants? dis-je à Hollicott. Ici, c'est le seul animal qui soit à l'échelle.

— Bientôt. Mais si vous es chasseur, annonce Hollicott, je peux raconter une histoire d'éléphant sauvage.

— Je ne suis pas chasseur, fais-je effrayé.

— Alors, je vous raconte une histoire d'éléphant apprivoisé, car j'ai vu une parapluie dans vos bagages.

Je le regarde, éberlué.

— Quel rapport, mon parapluie...

Il m'interrompt :

— Du Croussett, vous es toute neuf dans cette pays. Vous crois, parce que la crocodile ne m'a pas sauté sur la jambe, que les bêtes ici sont pacifistes. Elles ne sont pas. La rogue éléphant, si vous le rencontre dans la jungle, vous es fini. Ça, je pense, vous le sais ?

— Oui, dis-je, à moins qu'une balle bien placée...

— Vous viens de me dire que vous sais pas chasser !

— Oui... Enfin, continuez.

Et il continue :

— Mais ce que vous sais peut-être pas, c'est que la rogue est souvent un ancien éléphant bourgeois qui est devenu neurasthénique, et a laissé tomber ses gardiens et sa famille pour aller faire des mauvaises blagues.

— C'est, dis-je, un genre d'accident qui n'est pas exclusivement réservé aux familles d'éléphants.

— Et ce n'est pas une raison, continue Hollicott, parce qu'au Zoo vous as promené dessus l'éléphant avec votre gouvernante, quand vous étiez petite, pour croire que c'est une caniche !

— Soit ! Passons au parapluie.

— Il ne les aime pas, dit Hollicott, surtout

quand ils sont ouverts. Et il n'aime pas non plus les capotes des rickshaws quand elles sont levées. Il se fâche sur le noir comme le taureau sur le rouge. Alors, quand vous rencontre un éléphant par la pluie...

— Oui, dis-je, l'on baisse la capote ou l'on referme le parapluie.

— Vous avez tout deviné, constate Hollicott. Et maintenant, je commence l'histoire rigolo, mais dont la fin est si triste, de l'éléphant sous la pluie et de la vieille dame qui ne voulait pas abîmer sa neuve chapeau.

Je l'arrête.

— Ne vous fatiguez pas, mon vieux. Elle est très drôle, mais je la connais.

— Vous la connais ? demande Hollicott, intrigué. Qui a pu vous la raconter ?

Je cherche une seconde, le temps de mentir :

— Eh bien... C'est Jerrimann.

— Jerrimann ! s'écrie Hollicott. Et de quelle manière il vous l'a racontée ?

— Mais je ne sais pas, moi... En riant.

— En riant ! s'exclame Hollicott, scandalisé. C'est horrible à lui, horrible !

— Pourquoi ?

— Parce que la vieille dame était justement sa grand-mère et qu'elle en a claqué !

Cependant, nous traversons des villages.

Le type des « natifs » semble différent, un type moins fin, mais plus martial.

— Des Tamouls, me renseigne Hollicott. Puis, doctoral : race travailleurs et courageux.

Craintifs, des hommes et des femmes presque nus se rangent sur notre passage, nous contemplant avec de grands yeux traqués.

— Pourtant, ceux-là, dis-je, ont peur des autos.

— Ceux-là, répond Hollicott, sont des parias. Ils s'écartent parce qu'ils se savent dégoûtants.

Je cherche toujours les éléphants. Mais l'auto freine, les voilà.

Ils sont trois en file indienne, et plus hauts que des bananiers. Ils débouchent d'une piste transversale qu'ils encombrent, et, sur leurs larges pattes évasées, apparaissent solides comme des temples.

Seul, celui de tête porte un cornac, mais tous deux semblent s'ignorer. Nu, le cornac est un adolescent dont les épaules carrées et le torse droit brillent, métalliques.

Dans son immobilité balancée, assis sur ses jambes repliées, son harpon en garde comme une lance, il ressuscite les guerriers puniques, et vingt-cinq siècles, soudain abolis, croulent sous sa jeunesse barbare.

Longtemps, le plus longtemps possible, sous les palmiers démesurés que leur présence amoindrit, je contemple ces monstrueux figurants qui semblent équilibrer le décor.

Hélas ! Ils ne sont plus sur la piste que d'imperceptibles points noirs et maintenant, maudissant l'auto trop rapide, je les regarde s'effacer. Mais aujourd'hui qu'après tant de mois je craignais de les mal décrire, voici que soudain, débordant la piste des parois de leurs flancs, ils s'avancent de nouveau à ma rencontre, avec leur démarche résignée et pompeuse de grands empereurs malheureux.

KANDY

LES PARADIS MALÉFIQUES

Parée de son lac bleu et de sa pagode bouddhique, Kandy, l'antique capitale des rois cinghalais, n'est plus aujourd'hui qu'un village.

Ce village s'efforce d'être une ville et compte déjà trois banques, un café, deux hôtels modernes, un jardin botanique et une prison. Kandy aura demain son cinéma.

Mais bien qu'elle se baptise cité et bariole sa rue unique d'affiches, elle a perdu l'ambition de s'agrandir. Elle sait bien qu'il n'est plus temps. Car depuis des siècles elle a laissé monter autour d'elle des barrières de palmes avec des barrières de fleurs, et la mouvante enceinte a ruiné ses beaux rêves de tramway. Désormais, gardée à vue, Kandy s'étiole. Et c'est ainsi que l'on peut voir, victime de ses verts remparts, une ville prisonnière d'un jardin.

Jardins inquiétants à l'égal des jungles. Jardins

exquis mais combien effrayants, avec leur féroce douceur. Ils sont sauvages et ratissés et d'une violence hypocrite. Ils ont une grâce de tigre à qui l'on aurait mis des faveurs.

Mais surtout, avec leurs fleurs agrandies de cauchemar et leurs orchestres d'insectes, ils ont quelque chose d'enchanté.

Entrons-y. L'on songe aussitôt à des féeries persanes ou à nos vieux contes de Perrault.

Quels nains jardiniers ont, sur ces pourpres allées, semé cette poussière de corail?

C'est eux qui, à trois mètres au-dessus de nos têtes, ont inventé ces voûtes d'orchidées, et soufflé dans chacune d'elles pour la faire grossir comme une cloche. Eux qui ont fait pousser ces camélias à la hauteur d'une tour, afin de mieux masquer là-bas, au bout de l'allée chimérique, le château ventru de l'Ogre.

Dans l'ombre lumineuse de ces avenues charmées, des colibris font tournoyer des ballets de pierres précieuses. Mais leur ronde, sans doute, est-elle moins joyeuse qu'ensorcelée? Et si, agitant leurs ailes d'émeraude, ces perruches jacassent et jacassent sur un bosquet de giroflées, c'est qu'elles sont de malheureuses princesses qui essaient de se raconter !

Mais elles ont beau, gonflant leurs petites

gorges miroitantes, se plaindre, pépier et crier, dans ces jardins maléfiques, l'on n'écoute jamais les oiseaux ! L'on n'entend que les insectes.

****

Ils sont là par milliers, par myriades, avec leur jazz diabolique.

Ils font grincer chaque branche et scient chaque tronc. Ils cognent sur des enclumes avec leurs terribles marteaux, et changent le jardin en chantier. Ils partent en pétards sur vos têtes, et vrombissent en toupies sous vos pieds. Ils déchaînent un sabbat de crécelles et font éclater dans l'air serein des orages de tambours. Ils crépitent, crissent, cornent, cassent, cliquettent, râclent, tapent, clouent, sonnent et tonnent dans un si redoutable vacarme qu'en dépit d'un tympan perforé l'on n'en peut croire ses oreilles.

Et ces musiciens ahurissants que l'on entend partout, on ne les aperçoit nulle part. Ils sont plus invisibles que l'orchestre de Bayreuth.

Par le plus étonnant effort de mimétisme qu'ait jamais réussi la nature, ils s'identifient aux plantes, au sol, aux verdures.

Camouflés, ils ajoutent des graviers rouges à la route, se tapissent sous les herbes dont ils copient la couleur. Ils se font écorce sur un tronc, pétale sur une fleur, épine sur la tige. Et leurs plagiats sont de tels chefs-d'œuvre que cette feuille d'arbre, à ce point une feuille que l'on s'apprêtait à la cueillir, vous échappe, quitte l'arbre et se met à voler.

Mais tout ici copie, trompe, camoufle, — tout semble surnaturel. Ce serpent qui vous guette, enroulé à cet arbre, et qui chaque fois n'est pas un serpent, mais une liane. Et cette petite branche tordue que les nains ratisseurs ont oubliée sur la route, et qui cette fois n'est pas une branche tordue, mais bel et bien un serpent. Et ces fleurs qui, elles, ne sont ni des oiseaux, ni des papillons, mais des fleurs authentiques et qui, soudain, ouvrant une corolle vorace, happent des mouches qu'elles engloutissent et qu'elles digèrent.

J'échappe à ces jardins hallucinants et descends vers Kandy, quand, le cœur battant, je m'arrête : car le voilà, le voilà enfin, le Château de l'Ogre ou le Palais de l'Enchanteur !

Et qui d'autre, en effet, sinon un magicien retraité ou un vieil ogre dyspeptique eût pu imaginer cet effarant édifice, qui pose un chapeau chinois sur un gros œuf de prestidigitateur ; qui d'autre eût inventé ces petits canaux, ces ponts, ces remparts minuscules, tout cet exigu jardin

japonais qui n'est là, dans cette nature gigantesque, que pour lui jouer un bon tour !

Qui d'autre, enfin, commanderait à ces étranges
serviteurs que j'aperçois maintenant sur les terrasses, drapés dans des toges couleur soufre,
et abritant, pour qu'ils ne fondent pas trop vite,
leurs crânes de suif sous des parapluies safran?

Chacun n'a qu'un bras, l'autre, truqué, se dissimule sous la toge. Que va-t-il sortir?

Mais, hélas ! il ne sort rien, car ce n'est pas le
Château de l'Ogre ni le Palais du Magicien !
Il n'y a plus d'enchanteurs en ce monde et plus
de fées, et l'on voit encore l'oiseau bleu à Kandy,
mais ce n'est plus qu'un oiseau-mouche !

Et l'édifice n'est pas non plus, en dépit de son
blanc badigeon agressif, un cinéma ou un casino.

Non ! Près du lac, mais en retrait, c'est, avec
ses murailles enflées comme la panse divine du
Maître qu'elles vénèrent, le Temple, le fameux
Temple qui recèle la Dent bestiale et sacrée de
Bouddha.

Au premier abord, il est d'accueil débonnaire ;
mais l'on regarde ses sculptures et il effare, car
avec son armée de monstres il est tout gardé de
grimaces.

Et sitôt que l'on s'en approche, à peine remis
du charivari des insectes, c'est, plus discordant,

plus diabolique encore, un tel concert de trom‑
pettes sauvages, une telle offensive de tambourins
frénétiques, de gémissements et de cris, que l'on
se sauve vers l'hôtel, ce refuge, afin d'oublier un
instant ces paradis maléfiques où les temples
mêmes sont ensorcelés.

UN BILLET DOUX

A Kandy, tout mène implacablement au lac. Les allées de fleurs y déferlent, la grande rue y débouche, et villas et hôtels se sont groupés autour de lui. Défendue par un parapet sculpté et des créneaux, son eau réservée aux lotus et aux cygnes est sacrée. Miss Dorothy Underfield n'aura pu y faire du canotage.

Arrivé d'hier au soir, je n'ai pas encore eu l'honneur de lui être présenté. Je n'ai pas revu Hollicott, bien que, je me hâte de le dire, il ne soit pas descendu, comme l'eussent fait imprudemment tant de jeunes Français, à l'hôtel de Bouddha et du Lac, où, comme on le sait, se trouve miss Underfield, mais bien à l'Éléphant Palace, où il a laissé son nom, son sac de golf et ses fusils.

Déjà, sachant que toute la largeur d'un lac artificiel séparerait Hollicott de miss Underfield et miss Underfield de Hollicott, je plaignais ces deux amants dont le destin, contrarié par les ondes, me rappelait avec une si constante cruauté celui de la belle Héro et du malheureux Léandre, lequel se noya dans l'Hellespont.

Mais hier au soir, sitôt ma malle montée, et à mon soulagement véritable, Hollicott fondit sur le couvercle, éparpilla sur le tapis mes vêtements importuns, déballa furieusement les cadeaux, en encombra le personnel de l'étage, descendit, ainsi escorté ; engouffra son butin dans l'auto, me cria qu'il serait rentré dans cinq minutes, et disparut définitivement.

Pourtant, ce matin, un petit mot de lui porté à la main et sans aucune indication d'adresse, m'invite pour le déjeuner à l'hôtel de Bouddha et du Lac, et un étrange pressentiment m'incite à croire que miss Dorothy Underfield pourrait bien figurer au nombre des convives. « Je vous enverrai à midi 3/4 l'auto de l'État-Major », ajoute Hollicott dans un post-scriptum, et bien que trois kilomètres à peine séparent les deux hôtels, j'apprécie comme il convient une attention qui m'évite de contourner en rickshaw un lac incendié, à l'heure implacable où, dans la jungle en feu, le moustique lui-même renonce.

Et peut-être, en dépit de l'auto, eussé-je décliné une invitation qui me vaudra un repas médiocre tout en me privant de ma sieste, si, au moment de déchirer la lettre, je n'avais remarqué au verso un second post-scriptum qui tout d'abord m'avait échappé. Il est de la main même de miss Under-field, et témoigne d'une insuffisance calligraphique au demeurant fort excusable chez une jeune personne si experte en l'art de taper.

Mais si je relis jusqu'à trois fois ce post-scriptum, c'est moins dans le but de le déchiffrer que dans celui de le comprendre. Car mieux j'en épelle chaque syllabe, et plus j'en demeure confondu.

La phrase est écrite en français, — ou dans cet espoir, — et je la transcris fidèlement :

« Je vous t'en prie. — Viens. Ce sera si doux.
« Je attends, grand charmeur. »

Intrigué, je me livre à mille hypothèses où, à défaut de ma raison, ma vanité trouve son compte. Et pourtant, je ne me flatte point d'avoir pu inspirer à cette aimable dactylographe, déjà si abondamment pourvue, une passion que pourrait justifier à la rigueur le fait qu'elle ne m'a jamais vu. L'on fait de si belles photographies aujourd'hui.

Mais à supposer, et toutes proportions gardées, que miss Underfield brûlât pour moi des chastes feux de l'Occitanienne, amoureuse sans le connaître de M. de Chateaubriand, un tel aveu, cyniquement ajouté à la lettre même de son amant, eût témoigné d'un raffinement de perfidie qui, pour n'avoir point disparu du cœur des femmes depuis Madame de Merteuil, semble pourtant peu compatible avec la loyale activité d'une jeune dactylographe attachée à un état-major britannique.

Et d'autre part, ce que par ouï-dire je connais de la charmante Dorothy m'interdit d'imputer ce post-scriptum à un sentiment d'inconscience si peu en rapport avec la prudente dignité de sa vie.

A quoi bon chercher davantage ? Dans un quart d'heure, j'aurai la clé de ces mystères. En attendant, relisons le curieux post-scriptum :

« Je vous t'en prie. — Viens. Ce sera si doux.
« Je attends, grand charmeur. »

A tout hasard, je vais changer de cravate.

*
* *

Mais, tandis que devant mon miroir je m'y emploie et sifflotte, dans mon subconscient la vérité peu à peu se fait jour. C'est tout d'abord une image si fugitive, mais si précise, que pour un peu je m'écrierais :

— Tiens ! pourquoi diable est-ce que je pense au jardin du mess à Colombo ?

Puis, c'est Jerrimann et Hollicott qui apparaissent un instant entre la glace et ma cravate ; un Hollicott placide qui, au sujet de miss Dorothy, répondait à Jerrimann agacé... Mais que répondait-il ? Et comment me souvenir d'une phrase qu'il y a deux semaines j'ai certainement entendue, mais que par discrétion je m'efforçais de ne pas écouter ?

— Allons, dis-je, pensons à autre chose.

Mais je ne puis y parvenir. Le compagnon mystérieux que chacun de nous loge en soi me harcèle, me tourmente, m'oblige à préciser.

Et subitement, la réalité décevante m'apparaît.

Ce fiévreux post-scriptum, cet aimable excès de perfidie, toute la romanesque histoire qu'avait échafaudée ma vanité complaisante, tout cela s'écroule, car cette fois ma mémoire réveillée entend Hollicott, placide, répondre à Jerrimann exactement ceci :

— Si elle aime courir les charmeurs de serpents, ça ne fait de mal à personne, et le dimanche ça l'occupe.

Et maintenant je réalise que, si ce fiévreux post-scriptum est bien de la main de miss Underfield, il n'en a pas moins été dicté par Hollicott. Et comment n'ai-je pas tout de suite, dans ce : « Je vous t'en prie », reconnu sa manière et son style ? Hollicott, qui, dans la même phrase, ajoute souvent au vous insulaire un tutoiement continental, — en souvenir sans doute des années héroïques où il coudoyait les poilus, — Hollicott, qui condescend, et même s'obstine à s'exprimer en français, ne parle jamais qu'un anglais traduit. « Please, do come. It would be so sweet of you, I expect a great charmer », n'a jamais, hélas ! signifié dans un français habituel que ceci : « Je vous en prie, venez. Ce sera si aimable à vous, et je vous ferai admirer un grand charmeur de serpents. »

Un peu vexé, je contemple dans mon miroir ma cravate inutile !

LES FIANCÉS

L'hôtel de Bouddha et du Lac n'est pas, comme l'Éléphant Palace, un de ces hôtels modernes où l'on reçoit n'importe qui. C'est une pension de famille que sa directrice, Mrs Toast, parfume de ses hautes vertus.

Elle est là, dans le hall, toute maigre, son long nez chevauché de lunettes, épelant un livre de comptes, assise dans le box du portier. Elle lit en remuant les lèvres comme si, le cœur pris de remords, elle confessait ses bénéfices.

Mais elle m'aperçoit, se lève et, serrant entre son coude et son cœur le livre de comptes qu'elle porte comme une bible, s'avance vers moi, me montrant ses dents revêches dans un sourire commercial.

Volubile, m'ayant successivement proposé une chambre avec bain et vue sur le lac, une chambre avec vue, mais sans bain, une chambre avec bain, mais sans vue, et enfin une chambre, Mrs. Toast s'arrête, s'éponge à petits coups secs et me dévisage.

Évidemment, elle doit se demander ce que je fais là. Mais je n'ose m'informer d'Hollicott, le sachant descendu officiellement ailleurs, et encore moins de miss Underfield que je n'ai pas encore l'honneur de connaître.

Au reste, comment, aux regards si stricts de Mrs. Toast, le lieutenant s'y est-il pris pour expliquer ou pour voiler la nature de ses relations avec Dorothy ?

— Vous attendez peut-être quelqu'un, Monsieur, me demande sous ses lunettes la perspicace Mrs. Toast.

— Mon Dieu, oui, Madame. J'avais donné rendez-vous ici à un lieutenant de mes amis.

— Le lieutenant Hollicott, peut-être ?

— Lui-même, Madame.

— Alors, c'est sans doute Monsieur qu'attendent pour déjeuner les deux fiancés ?

— Les qui, Madame ?

— Les fiancés, Monsieur. Puisque vous êtes un ami du lieutenant, je pense que vous savez qu'il est fiancé à miss Underfield ?

— Mais, bien entendu, oui, Madame. Où avais-je la tête ?

— C'est par ici, Monsieur, me dit Mrs. Toast. Ils vous attendent dans le petit salon.

Je suis Mrs. Toast qui, par les couloirs de l'hôtel, marche d'un pas de horseguard.

Fiancés... Évidemment, je n'aurais pas pensé à cela. Mais moi je ne suis, comme dirait Hollicott, qu'un petit Latin compliqué, et cette solution est si simple ! Elle ne présente que des avantages, coupe court à toutes les médisances, et pourtant n'engage absolument à rien. Et qui, je vous le demande, pourrait se plaindre d'un petit mensonge qui n'est qu'une preuve de savoir-vivre ?

A la vérité, il y aurait bien Jerrimann. Car enfin, lui qui doit monter pour le prochain week-end, sous quelles espèces se présentera-t-il ?

Mais je ne m'apitoie pas trop sur son sort. Il est probable qu'à la place d'Hollicott il n'eût pas agi différemment. Il y avait une situation à prendre, Hollicott l'a prise, tant pis pour Jerrimann ! Il faudra qu'il trouve autre chose. Et après tout, l'état de frère, ou même de cousin, est encore parfaitement enviable.

*
* *

La porte du petit salon est ouverte, mais des éclats de voix m'arrêtent sur le seuil. Gêné, je n'ose interrompre ces deux fiancés qui se disputent tout comme des gens mariés ou comme des amants. Mais, intrigué par miss Dorothy, je les regarde, indiscret.

Les Anglais, lorsqu'ils veulent vous faire entendre qu'une femme aurait pu être jolie et ne l'est point, et qu'il lui manque ce je ne sais quoi qui en eût fait précisément une jolie femme, se servent d'une phrase bien pittoresque, mais quasi intraduisible. Ils disent, en effet : « She just missed it », ce qui, pour écrire comme Hollicott, signifie : « Elle l'a justement raté. »

A contempler miss Dorothy Underfield, je songeais à quel point cette expression britannique semblait avoir été inventée pour elle.

Au premier abord, à voir ses cheveux blonds, ses yeux bleus, ses joues fraîches et ses dents saines, l'on s'écrie : « La jolie fille. » Mais cette exclamation ne vous a pas échappé que déjà on la regrette. Non point que miss Underfield soit laide. Au contraire, en l'apercevant, c'est tout de suite à une jolie femme que l'on pense, mais à la condition de ne plus la regarder.

Pourtant, ce n'est pas son petit nez en trompette ni sa bouche trop grande qui la déparent. Non, c'est autre chose, autre chose qui n'est pas grand'chose, mais qui est irréparable ; qui ne se

définit pas tout de suite, qui, peut-être, ne se défi-
nira jamais, mais dont l'absence donne au visage
un je ne sais quoi d'insuffisant, d'inachevé, de pas
au point qui cause un véritable malaise. Enfin,
pour tout dire, c'est un visage qui vous pose un
lapin, et décidément je crois que c'est par cette
phrase, peu académique, mais d'autant plus
expressive, qu'il conviendrait de traduire : « She
just missed it ».

Telle qu'elle est, ni laide, ni jolie, mais à coup
sûr effacée, miss Dorothy Underfield est, pour
parler comme Marcel Proust, « du côté de chez
Cendrillon ».

L'on comprend qu'à la regarder Jerrimann
et Hollicott puissent s'en donner à cœur joie
d'évoquer lady Laïssoura. Car miss Dorothy
est de ces femmes, plus nombreuses qu'on ne
le croit, qui n'arrivent pas à réaliser le type de
beauté qu'elles suggèrent, et que les hommes
ne peuvent regarder sans penser immédiatement
à une autre.

*
* *

Quand un couple se chamaille et qu'un invité
survient, il arrive que la discussion s'arrête, mais,
le plus souvent, elle rebondit, et les deux belli-

gérants, fondant sur l'invité comme sur une proie, le prennent aussitôt pour arbitre.

C'est le malheur qui m'échut lorsque je me décidai enfin à pénétrer dans le petit salon.

A peine Hollicott prit-il le temps de me présenter à miss Underfield que nous étions tous les trois dans le vif du sujet.

— Avez-vous jamais écouté parler une chose pareille ? me crie Hollicott. Elle veut grimper dans la Rolls de l'État-Major jusqu'à Pollanarua. Une femme dans une auto militaire !

— Je suis une femme attachée à l'État-major, proteste miss Underfield. Est-ce que ce n'est pas vrai, Monsieur du Croussett ?

— No, ce n'est pas vrai, répond Hollicott, indigné. Et vous laisse du Croussett tranquille avec vos satanées histoires. Vous es employée à l'État-Major, pas attachée. Est-ce que vous a un uniforme ?

Miss Underfield, qui s'est rassise, se lève et dit :

— No. Mais si vous continue sur ce ton, je sors en commander un !

— Blast her ! s'écrie Hollicott, qui frappe de son poing droit fermé dans la paume de sa main gauche. Blast her ! Elle follifie comme ça depuis hier soir.

— Vous lui demande, Monsieur du Croussett, me dit miss Dorothy, impérative, pourquoi il ne veut pas me conduire dans la jungle.

— Mais je viens de l'expliquer, réplique Hollicott. Et puis, en cette saison, le reservation et le piste c'est trop perfide pour une femme.

— Il ose dire ça, Monsieur, s'écrie avec une amère révolte miss Underfield, il ose dire ça à une femme qui vient d'être piquée par un scorpion !

— Et quand vous seras piquée par une cobra, hurle Hollicott, alors vous sera définitivement content? Et vous sais, du Croussett, elle sort pieds nus. Elle fait une cure de Kneipp ici. Alors, vous la vois dans la jungle, avec tout ce qui mord? La première promenade elle a plus de pieds du tout.

— Monsieur, me dit alors avec une froide ironie miss Underfield, qui semble soudain ignorer jusqu'à l'existence de Hollicott, il m'avait semblé que les femmes de Ceylan couraient sans bottines, et pourtant quelques-unes ont encore des pieds.

— Du Croussett, réplique Hollicott, qui à son tour dédaigne de s'adresser à miss Underfield, auriez vous le bonté d'annoncer à cette demoiselle combien de natifs meurent par jour dans Ceylan de la piqûre ou morsure sur le plante de la pied?

— Combien ? me demande, menaçante, miss Underfield.

— Allons, allons, dis-je, plein d'ignorance conciliatrice, mais fort inquiet du déjeuner.

— Et tout cela, vitupère Hollicott, parce qu'elle a échangé le gramophone et mon beau disque Caruso contre une petite cinéma. Alors, elle croit qu'elle peut filmer l'ours qui mange de la miel et la petite singe qui gambade.

— Oui, murmure, soudain extasiée, miss Underfield. Oh ! ça, je veux.

— L'ours noir de Ceylan, ricane Hollicott. La plus mauvaise du monde ! Pourquoi pas la rogue éléphant ?

— Oh ! si je le rencontre, je le filme aussi, répond avec simplicité miss Underfield.

— God ! soupire Hollicott, accablé.

Décidément, j'ai trop faim... Il faut en finir.

— Écoutez, dis-je à miss Underfield, à votre place je commencerais toujours par filmer après déjeuner le charmeur de serpents. Et de ce train-là, nous allons le manquer.

— Oh ! mais c'est vrai, s'écrie avec exaltation miss Underfield. Il faut déjeuner tout de suite, n'importe quoi : un sandwich et un verre d'eau.

— Ce n'est plus une vie, murmure Hollicott.

L'HALLUCINATION COLLECTIVE

C'est sur la petite place s'étendant à l'aile droite de l'hôtel, et sous les fenêtres mêmes de la salle à manger que va opérer le charmeur. Mais il se fait attendre, ce qui nous permet de déjeuner confortablement.

A l'idée de débuter comme opérateur, miss Dorothy Underfield en oublie ses griefs contre Hollicott et ne se tient pas de joie. Car, s'il faut en croire ce que nous annonce Mrs. Toast, elle pourra filmer, non pas un charmeur ordinaire, mais un véritable fakir et, pour tout dire, un sor-cier.

Aussi l'hôtel est-il en rumeur, et de notre table nous apercevons la petite place, transformée soudain en cirque romain, avec aux premiers rangs, accroupie sur les talons, toute la marmaille de Kandy. Derrière, les parents forment gra-dins.

Miss Underfield, armée de son appareil, nous quitte pour s'installer sur la piste, en plein soleil. Ainsi entourée de tous les gamins cinghalais, elle a l'air, avec son casque blanc et ses lunettes, d'une réclame pour pensionnat colonial.

— Cette fille, me confie Hollicott qui, désabusé, bourre sa pipe, il est complètement fou. Vous crois, du Croussett, parce que vous as une amie qui n'est pas jolie, qu'elle sera moins embêtant qu'une autre qui serait jolie? Eh bien, c'est tout la contraire. Et vous devine pourquoi?

— Non, dis-je.

— C'est parce qu'elle sait qu'elle ne retrouvera plus jamais l'occasion d'embêter un homme.

Sur la place soudain houleuse, un être étonnant est apparu.

C'est, nu jusqu'à la ceinture, et coiffé d'un turban corail, un Hindou décharné et magnifique que suivent, courbés sous de gros sacs de toile et portant des instruments de musique, quatre hommes, puis un enfant.

Tandis que, fiévreusement, ses acolytes débarrassés de leurs sacs s'accroupissent, et font éclater des sons stridents de flûtes, ou tapent sur des tambourins, le mage au turban corail, caressant sa barbe noire d'une longue main alourdie de bagues, promène, indifférent, sur la foule qui tressaille, son ardent regard magnétique.

Cependant, sur un signe du maître, le boy a ouvert l'un des sacs, et je me penche, à l'avance fasciné par le banal et merveilleux spectacle.

De leur prison de toile, les longs serpents ont coulé qui maintenant, dressés à mi-corps, balancent d'un air connaisseur, aux sons de l'aigre musique, leurs têtes pointues de douairières malfaisantes.

L'un d'eux déborde la piste et rampe jusqu'aux espadrilles de miss Underfield, qui s'apprêtait à tourner. Elle se recule brusquement, et une nuée de galopins en profite qui lui font un vivant rempart.

Craignant qu'Hollicott, en dépit du soleil, n'ait l'idée de nous faire rejoindre son amie, prudemment je lui fais observer que nous sommes admirablement placés.

— No, me répond-il, nous sommes au rez-de-chaussée.

— Justement, lui dis-je.

Il réfléchit, puis me prenant le bras :

— Vous monte avec moi sur mon balcon, et vous vois quelque chose de curieux.

Son ton m'intrigue et je le suis.

Le balcon surplombe la place d'une hauteur de

plus de deux mètres, et je vois moins bien que d'en bas.

— Vous prendre patience, insiste mystérieusement Hollicott. La serpent, ce n'est rien. C'est après.

Le Mage se baisse, et, comme un lutteur, les jambes écartées, ramasse pour la brandir la lourde barre de fer, il s'empare d'un câble de jade et le dresse au-dessus de sa tête. Mais des cris d'horreur s'élèvent, car le câble, brusquement déroulé, ligote le mage d'un odieux collier étincelant.

L'orchestre s'est tu, comme paralysé d'épouvante. Mais un étrange sifflement modulé s'élève, une plainte obstinée et sauvage. C'est le boy qui, sifflant dans la flûte bossue des jungles, danse autour du mage ligoté. Il danse et la flûte siffle, siffle, toujours plus rapide, plus aiguë, plus lancinante, plus impérieuse. Et le monstre amoureux, dénouant peu à peu son étreinte, glisse sur le sol, enroule à nouveau son câble et pointe vers la flûte qui le dompte sa plate figure envoûtée.

— C'est rudement bien mis en scène, dis-je à Hollicott. Je me demande si votre amie a pu tourner ça.

— C'est surtout la suite que je voudrais qu'elle tourne, répond Hollicott avec un singulier sourire, car si elle fait, ce sera comique.

La musique a repris. Je m'avance sur le balcon pour mieux voir. Hollicott m'arrête.

— Ne vous montre pas en ce moment.

— Pourquoi? dis-je.

— Vous comprendre tout à l'heure. Mais vous me promets que vous avance pas sur le balcon?

— Soit.

— Alors, vous reluque ça attentivement.

Il m'agace avec ses airs mystérieux, mais j'obéis et, en retrait, je regarde.

Je regarde le grand mage tranquille qui, accompagné du boy, fait lentement le tour de la piste. Il s'incline vers l'enfant et lui parle, sa main gauche posée à plat sur la chevelure frisée, et brandit de la main droite une longue corde qu'il permet à la foule de toucher. Deux fois il accomplit ainsi cette énigmatique et majestueuse promenade. Puis, regagnant le milieu de la piste, d'un impérieux geste circulaire semble électriser la foule, tandis que le boy, se faufilant derrière les musiciens, disparaît subrepticement.

Mais pourquoi, puisque le boy n'est plus là, le mage pose-t-il ainsi sa main gauche à plat dans le vide, comme si la tête de l'enfant la supportait encore? Pourquoi lui indique-t-il la corde? Et pourquoi, avec un grand geste rythmé qui semble entraîner le public, jette-t-il ainsi ses bras vers le ciel?

Maintenant, il tourne lentement sur lui-même et regarde la foule anxieuse à laquelle, déjà, il commande. Chaque visage est tourné vers son visage, chaque regard reflète le sien, et dans tous les yeux agrandis il y a comme l'attente d'un miracle. Le mage est là comme un merveilleux chef d'orchestre, mais c'est sur les nerfs des spectateurs qu'il va jouer la mystérieuse symphonie dont il suggère les accords.

Il tend les bras vers la foule qui l'encercle, et dans ses paumes ouvertes semble récolter des âmes. Dans tous les yeux, maintenant, je lis, non pas l'attente mais la certitude du miracle. Soudain, il s'accomplit, et le magicien lui-même a reculé devant l'évidence du prodige.

Une immense acclamation monte de la foule. Tous les yeux, hallucinés, regardent en l'air — quoi? — avec une telle stupeur, mais une telle foi, qu'Hollicott et moi, qui ne voyons rien, nous en demeurons confondus.

Et pourtant, je sens que si je m'approchais un peu, un tout petit peu, si je m'avançais sur le balcon, je sens que moi aussi je verrais, je comprendrais, je serais touché de la grâce. Mais à côté de moi, Hollicott, le visage durci, m'a saisi le bras et me murmure :

— N'avancez pas, vous m'as promis.

Lui aussi semble lutter contre quelque chose, mais il ne veut pas être vaincu. Tandis que moi je ne demanderais qu'à partager la foi qui, sous mes pieds, soulève cette foule émerveillée et fait monter vers nous comme un enchantement qui nous grise.

Est-ce la foule qui est démente, ou nous qui sommes aveugles? Je regarde miss Underfield. Elle est là, extasiée, blême d'émotion, qui, son appareil à la main, filme, filme, filme.

Mais pourquoi donc le boy réapparaît-il sournoisement, rampe-t-il comme le serpent qu'il a envoûté tout à l'heure, et brusquement se jette-t-il aux pieds du maître qui le prend dans ses bras, l'embrasse, le soulève et le montre à la foule en délire?

— C'est fini, me dit Hollicott.

Je lui demande :

— Qu'est-ce qui est fini?

— Oh ! ce qui n'a jamais commencé.

— Enfin, qu'est-ce qu'il y a eu?

Hollicott se met à rire, et me montrant miss Underfield qui, dans un violent état d'exaltation, traverse la place :

— Elle va vous raconter, et avec tous les détails.

— Quelle chose merveilleuse ! s'écrie en entrant miss Underfield. Le même jour, j'ai vu une miracle et je l'ai cinématographié.

— Mais qu'est-ce que vous avez vu, Mademoiselle ?

— Mais tout, tout ! La corde qui s'est dressée dans l'air, l'enfant qui montait dessus et, arrivé au haut de la corde, m'a envoyé à moi, à moi, car c'est moi qu'il regardait, m'a envoyé un baiser avec sa petite main brune. Une corde qui se tient debout avec un enfant par-dessus ! Voilà ce que j'ai vu !

— Et vous avez cinématographié cela ?

— Tout, tout. J'ai là tout, dans mes films. Nous allons développer tout de suite, tout de suite.

— Dorothy, interroge Hollicott, combien vous parie il y a rien du tout sur votre film ?

— Qu'est-ce que vous dites, s'écrie miss Underfield ?

— Est-ce que vous parie ?

— Oui, répond Dorothy.

— Vous parie le voyage à Pollanarua dans le Rolls de l'État-Major ?

— Oui, répète miss Underfield.

— Alors, me dit Hollicott, tout est arrangé, du Croussett. Elle vient plus avec moi.

Et en effet, il n'y avait rien sur les films de miss Dorothy Underfield !

LA JUNGLE

VEILLÉE D'ARMES

Il faut que demain je sois réveillé à cinq heures du matin, et cette seule idée m'empêche de dormir. Je bâille sous ma moustiquaire et, fermant énergiquement les yeux, je tourne le dos au clair de lune.

Me réveiller à cinq heures du matin. Me réveiller à cinq heures du matin. L'odieuse petite phrase obsédante me rattrape comme un moustique.

Surtout, je m'efforce de ne plus penser à la promenade, à la merveilleuse promenade que je vais entreprendre. Car c'est elle qui me tient ainsi réveillé, dans une exaltation de vieux collégien. J'attends la journée de demain comme on attend une femme, et j'ai littéralement rendez-vous avec mon voyage.

C'est que demain je prends la jungle, la vraie comme dit Hollicott, et il n'est plus question de faire la route dans la Rolls de l'état-major. En effet, la piste qui mène à Sigiri et celle qui rejoint Pollanarua s'opposent à tout véhicule qui ne soit pas haut perché sur roues. Et c'est dans une antique petite Ford que je vais traverser la grande forêt primitive.

Hollicott, dont la mission est de plus en plus officielle, ne m'accompagnera sans doute pas, car il a été mandé, il y a quatre jours, à Nuwara-Elyia, où il aura l'honneur d'être reçu par le gouverneur.

Pareil à Moïse, qui ne descendit du mont Sinaï qu'avec les Tables de la Loi, Hollicott compte bien ne descendre de Nuwara-Elyia qu'avec sa troisième étoile.

— Vous comprendre, m'a-t-il expliqué, c'est la cheveu de l'occasion. Alors, vous t'en vas en avant et je vous rejoins si je peux.

Parti il y a quatre jours, il m'a fait remettre une enveloppe mystérieuse. Elle porte en exergue : « Ne pas confondre avec la note de l'hôtel, et à ouvrir avant le départ. »

Et au fait, puisque je ne dors pas, je vais l'ouvrir. Je lis :

Cher du Croussett, vous vous fâche pas, mais vous sais pas voyager. Vous vous promène dans la forêt avec deux malles, une parapluie et pas de rasoir Gillette ! Vous prendre tous les deux heures du bicarbonate au lieu de quinine. Vous réclame, à des hôtels de Ceylan, du thé de Chine, et dans les rest-houses de l'eau de Vichy. Ça ne fait pas rien tant que vous es pas dans la jungle. Mais maintenant, vous pars, et vous es mille fois trop frivole Français pour te risque toute seule dans la reservation d'une colonie britannique. Alors, arrivé à Sigiri, vous prends avec vous la vieux guide, qui peut-être vous sauve la vie, et que vous paie deux livres par jour. Il sait, lui, se servir de la fusil, et vous empêchera de t'amuser avec la crocodile et de caresser les cobras. Cheer up !

P.-S. — Si vous huile pas tout ton corps avec du Mosquitol, vous es certain d'attraper la malaria, et moi je devrai télégraphier la triste nouvelle à la pauvre Madame veuve du Croussett.

Je hausse les épaules, un peu attendri.

Minuit. Je n'aurai que cinq heures de sommeil. Pourvu que le boy, demain matin, n'oublie pas de me réveiller. Et, sur cette crainte, brusquement, je m'endors.

Je m'endors et je rêve. Je rêve qu'au-dessus de ma tête un gros insecte, vert et rouge, tape sur le bois de mon lit avec ses mandibules, et qu'il crie pour me réveiller : « Five o'clock, Sir. Five o'clock, Sir. » Exaspéré, je me retourne sur le côté droit et tâche de me rendormir, lorsque l'insecte, — mais est-ce bien un insecte et ne serait-ce pas plutôt le boy de l'étage ? — crie cette fois derrière

ma porte, en la heurtant de son poing fermé :
« Five o'clock, Sir ! »

— Come in.

Le boy, portant mes souliers, entre, plus sombre
que la nuit lumineuse, et tourne le commutateur.
Le lustre m'assène une gifle et, irrité, je saute
du lit.

Vite, je cours à la fenêtre pour voir — victime
d'angoisses européennes, — « le temps qu'il fait »,
et je souris à l'été immuable.

Le boy réapparaît avec un plateau. Je déjeûne
d'un goyave, d'une tasse de thé froid et d'un
gramme de quinine.

Pourquoi Hollicott prétend-il que je ne sais pas
voyager ? Ma valise est bouclée et, en moins d'une
demi-heure, j'ai pris mon bain, me suis rasé et
maintenant, huilé comme un gladiateur, il ne me
reste plus qu'à m'habiller.

Exactement cinquante secondes : une paire de
bas, des caleçons courts qu'on appelle des shorts,
et une chemise de polo. Ainsi équipé, je suis
moins vêtu que sous ma moustiquaire, tout à
l'heure, en pyjama.

Lunettes. Chasse-mouches. Fusil. Casque.
Filons !

La petite Ford, sa capote baissée, est là qui m'attend, et mon chauffeur est magnifique. Il s'est

fait la tête de Jean Richepin, du Jean Richepin éclatant de Nana-Sahib.

Mais tandis que le boy charge mes affaires dans l'auto, j'y aperçois avec stupeur le sac à bottes, la valise et le fusil de Hollicott. Une lettre est épinglée au sac. Elle est de miss Underfield et ainsi conçue :

Cher Monsieur, Jeffry juste rentré. Il est si heureux, mais il est aussi si sommeil. Alors, il rejoint vous sur la piste plus tard, avec du capitaine Jerrimann la moto-cyclette, parce que lui aussi est arrivé. A vous véridique. Underfield.

P.-S. — Jeffry dit vous emporte une grosse manteau.

La recommandation n'est pas inutile car, pour la première fois depuis mon arrivée dans l'île, je sens que l'on pourrait y avoir froid.

Enfin, tout est prêt. Un grincement atroce : c'est le chauffeur qui s'est mis en première vi-tesse. Et la Ford, qui semble traîner toute une batterie de cuisine, démarre sous les arbres ver-tigineux.

LE DÉLIRE DE LA FORÊT

Une légère vapeur monte de la terre mouillée. Mon chauffeur, toutes les deux minutes, essuie la glace embuée avec un haillon pourpre : son mouchoir.

Je frissonne, et pourtant j'étouffe : l'impression de rouler sous une serre où s'enrhumeraient des orchidées.

La Ford fait du trente à l'heure et traverse de sordides villages que l'aube de corail magnifie.

Les mêmes théories de jeunes filles qu'à Colombo se rendent au temple, couronnées d'offrandes : corbeilles gonflées de pétales, ou amphores pleines de lait.

Nous franchissons une large rivière plate et jaune, bordée de roseaux et de palmiers, où se baignent des éléphants. Et c'est soudain un paysage d'Afrique centrale.

Le chauffeur arrête l'auto et me dit, comme s'il me les présentait : « Éléphants sacrés ! »

Je m'incline.

Il reprend :

— Les cornacs n'ont pas le droit d'arracher les poils, qui sont sacrés aussi. Mais pour vingt-cinq roupies ils arrachent un petit, et pour cinquante ils arrachent un gros.

— Un petit, lui dis-je, me suffira.

Du regard, Nana-Sahib choisit un éléphant et fait signe à un jeune cornac nu qui, au sommet du crâne rocheux, prend un bain de soleil.

L'adolescent harponne l'immense oreille, pousse un cri guttural. Aussitôt, la trompe se dresse, reçoit le cornac et le dépose avec minutie entre deux chapiteaux : les pattes.

Le poil, notoirement insuffisant, ferait à peine une bague.

Mon chauffeur, indigné, engage avec le cornac une conversation par gestes.

Enfin, j'ai un poil qui est un poil, et nous repartons. Mais, intrigué par ce colloque muet, je me renseigne.

— C'est une race de sauvages, m'apprend le chauffeur. Ils ont une langue spéciale et ne se comprennent qu'entre eux. Ils sont ainsi cornacs de père en fils, mais la famille de celui qui a voulu vous voler est pourtant respectée, car ses ancêtres ont été les gardiens des éléphants royaux d'Anuradhapura, il y a de cela un certain temps.

Je demande :

— Combien de temps?

— Trois ou quatre mille ans, me répond avec détachement le chauffeur.

Jusqu'à présent, je ne vois pas qu'il y ait une grande différence entre la jungle qui n'est pas la « vraie », et la vraie jungle où je me trouve.

Mais soudain, comme nous dévalons la montagne je pousse un cri d'admiration.

Jamais je n'oublierai ce spectacle, mais, hélas ! jamais je ne pourrai le décrire. Et à quoi bon, puisque jamais un lecteur ne me croira qui n'a pas vu la jungle de Ceylan.

Des arbres qui ont l'air de bondir, de danser, de danser de joie, délirants de sève et de lumière. Des arbres qui s'enlacent, qui se tiennent par les branches, qui se rejoignent de rameau à rameau ; des arbres de toutes espèces, groupés au gré de la fantaisie la plus folle, échelonnés au hasard de la montagne, par bouquets ou par boqueteaux, et que séparent des forêts de fleurs violentes ou des cactus plus hauts que nos peupliers.

Tous, dans le matin vermeil ont l'air ivre étirent leurs bras, brandissent leurs fleurs, gonflent leurs fruits. Tous rivalisent à qui montera plus haut, toujours plus haut, vers la lumière nourricière.

Des bambous métalliques partent comme des fusées ; des cocotiers font éclater en plein ciel leurs gerbes pluvieuses ; des péronias dressent comme des baldaquins d'énormes plumes pourpres, — d'énormes plumes qui sont des fleurs. Des taliputs hissent à trente mètres des candélabres de muguets. Des palmes gonflées d'azur suspendent des parachutes. Des canéficiers érigent des fleurs en or, et d'autres des bouquets de fruits bleus. D'autres encore portent à la fois leurs fruits avec leurs fleurs, chargés comme d'immenses sapins de Noël. Des rhododendrons ont douze mètres et des pommiers-roses en ont vingt ; et des arbres inconnus, inouïs, montent et flambent comme des incendies.

De cette orgie de feuilles, de fleurs, de troncs, de branches, de plantes, s'exhale une joie lyrique, furieuse, passionnée, et l'air est moins embaumé qu'alourdi des fortes sueurs de cette foule végétale.

La piste descend en lacets l'incroyable montagne, et plonge à nouveau sous d'interminables tunnels de verdure. Aussitôt qu'un embarras de racines nous force à ralentir, j'aperçois au pied

des arbres des mangoustes et des légions de rats
fauves, et partout, au hasard des branches, de
noirs écureuils fourrés et brillants.

Mon chauffeur mène de trois quarts et, à toute
minute, se retourne. Il connaît chaque nom
d'arbre et chaque nom d'oiseau. Au fur et à mesure
qu'il me les énumère, je les oublie, mais sur l'instant cela fait plaisir. Il vient de me citer le nom
de ces perruches coiffées d'un pompon rouge,
et de ces oiseaux roux et or qui rappellent nos
coqs de bruyère. Tous, à notre vue, tourbillonnent, éperdus, comme prisonniers de leurs
vertes volières.

Un daim tacheté, aux grandes cornes en forme
de lyre, d'un bond formidable traverse la piste.
Je demande au chauffeur :

— Quand commencent les singes ?

— Ici, me répond-il.

— Et les léopards, les ours, les éléphants sauvages ?

— Ici.

— Eh bien, dis-je, ce matin, ils ne sont pas
gênants.

Mais l'auto stoppe et mon chauffeur, devenu
muet, écoute anxieusement quelque chose. Je
tends l'oreille, mais je n'entends rien, rien que
des crissements stridents d'insectes, des cris

d'oiseaux et là-bas un bruit de branches que l'on casserait.

— Qu'est-ce qu'il y a? lui dis-je, plein d'espoir. Quelque chose d'intéressant?

Sans me répondre, il me regarde avec un singulier sourire, écoute encore, puis repart.

A dix heures, nous arrivons au rest-house de Sigiri, sous un ciel métallique et blanc. Un breakfast attendait, dans une petite salle décorée de lézards ; un breakfast commandé télégraphiquement par le lieutenant Hollicott. Soudain, un échappement libre et des pétarades retentissent. La porte s'ouvre, mais ce n'est pas le lieutenant, c'est le capitaine Hollicott qui, dans toute sa gloire, apparaît.

Tandis que nous déjeunons sous le pankha que manœuvre en toussant un vieillard poussiéreux, je regarde avec envie le nouveau capitaine.

Avoir vingt-cinq ans, un change pareil et cet appétit-là !

— Vous sais, me dit-il, je suis le second motocyclette qui ait roulé dans la jungle. La première était un peintre hollandais qui s'est tué contre une grosse camélia. Et vous sais...

Mais je ne l'écoute plus. Un brusque malaise m'envahit. Motocyclette... Tué...

Ces deux mots prononcés par ce clair garçon

en kaki me rejettent dix ans en arrière. En vain, je me raidis contre mes souvenirs, contre l'absurde idée d'évoquer, dans ce rest-house et sous ce pankha un ciel glacé et la guerre.

La vision s'obstine, l'emporte, et la route boueuse vient sur moi, avec ses arbres au fusain, la route défoncée d'obus, que sillonnent, sur leurs motocyclettes, tant de jeunes Hollicott qui rient et que personne ne devait revoir.

L'un d'eux, devant Dieckebush, écrasé à côté de sa machine, et qui, le ventre labouré, nous disait à nous, qui le ramassions :

— Je suis désolé de vous donner tant de mal, et dont ce fut la dernière phrase.

De chics garçons, tout de même, ces garçons-là !

— A quoi vous pense, du Croussett?

— A vous, lui dis-je, brusquement. Vous me dégoûtez, vous mangez trop. Je vais voir les ruines.

LE ROC MAUDIT

Des ruines ? Il n'y en a plus. Du moins ne sont-ce plus elles que l'on regarde, mais un fantastique rocher de silex qui dégage, sur des terrasses inaccessibles, une étrange forêt suspendue.

Il domine la jungle et s'en isole, — il est là comme un géant réprouvé.

Des myriades d'abeilles ont fait leur nid dans ses flancs, et le monstre résonne de la musique triste des ruches.

Des fragments de colonnes, un cratère qui fut une piscine, quelques marches qui ne mènent plus à rien, un lac sombre où nagent de grands sauriens sinistres, voilà sa sauvage bordure. Et, l'encerclant de loin comme des loups, les sombres bataillons verts de la jungle.

Le roc mélodramatique, avec son grand air d'exilé, est là, gardé par ses flancs inabordables. Et son isolement est à ce point farouche qu'à tout moment, au sommet de la montagne abrupte, je m'attends à voir apparaître, comme sur le roc préhistorique de Conan-Doyle, l'aile membraneuse d'un ptérodactyle ou la griffe de l'iguanodon.

Fait incroyable pour un pays où l'empreinte d'un pied suscite des pèlerinages, où l'aspect d'un arbre suffit à inspirer un temple, où le moindre étang a son mystère tragique et la moindre colline son drame, ce rocher inquiétant ne s'auréole d'aucun prodige. Si atroces que soient les mythes de Ceylan, ici la réalité a découragé la fable, et la légende humiliée s'est tue devant la perfection de l'Histoire.

Un palais se dressait, voici quinze cents ans, sur la terrasse qu'occupe aujourd'hui la forêt épineuse, un palais dont la construction a coûté plus de vies humaines qu'une guerre.

Le roi bâtisseur qui l'occupa dix-huit ans s'appelait comme un chef de brigands d'opérette : Kaasyapa. Mais son nom seul était gai, car le personnage fait frémir.

Agé de vingt ans, il assassina le roi Dhatu-Sena, son père, lequel régnait sur Pollanuara.

Jusqu'ici, rien que de fort normal, l'histoire des dynasties cinghalaises n'étant pas à un parricide près.

Mais le tout est dans la manière, et celle de Kaasyapa le fit passer à la postérité : ayant enchaîné le roi, son père, et lui ayant arraché la langue, il l'écorcha vif, puis l'enterra fumant dans un mur de plâtre et recouvrit le tout d'argile, afin d'effacer à jamais les traces d'un crime qui pourtant devait faire école.

Pris d'une fringale de meurtre, Kaasyapa tenta alors d'assassiner son frère, le jeune prince Moggalena. Mais celui-ci, plus heureux que le vieux roi et plus ingambe, parvint à s'échapper et gagna l'Inde.

Maître du trône, une année passa, une année d'orgueil, mais d'angoisses. Poursuivi par le remords, Kaasyapa résolut de faire construire une citadelle qui défierait jusqu'aux nocturnes incursions de fantômes, et c'est pourquoi, sur le roc de Sigiri, il édifia son palais.

L'on dit qu'il y vécut entouré de prêtres et de prières jusqu'au jour où Moggalena, à la tête d'une armée, revint des Indes, défia son frère dans la plaine, le vainquit et le tua.

La ville poussée au pied du roc fut détruite, mais l'on ne toucha pas au palais. Le prince Moggalena, — roi, désormais, — fit murer l'accès de la roche maudite, et décida que, debout dans son abandon, la citadelle témoignerait jusqu'à la fin des âges du plus exécrable des crimes.

Mais la jungle, qui n'a pú mordre les parois du roc, a pourtant envahi sa cime. Une dure forêt de ronces et de racines a poussé, crevant le ciment et faisant éclater les pierres. Siècle par siècle, pendant des milliers d'aurores et des milliers de lunes, le grand palais solitaire s'est lentement écroulé avec ses créneaux, ses remparts et ses tours. Aujourd'hui, plus rien ne subsiste de sa terrible présence, et, là-haut, la rugueuse forêt est satisfaite.

J'erre avec mon guide dans les premières galeries. Le roc est creusé comme une fourmilière. De quels moyens disposaient donc ces antiques ouvriers ?

Les couloirs qui minent la pierre circulent en chemin de ronde intérieur, s'ouvrent sur de vastes chambres taillées dans le rocher, à cinquante mètres au-dessus du sol, repartent et atteignent enfin le sommet. Les galeries, en partie éboulées, se relient par d'étroites échelles de bambou, dont la vue seule donne le vertige. Dans ces sinueux tunnels, des fresques, à demi effacées et peintes à même la pierre, évoquent des visages d'un type disparu, avec un nez étroit, des lèvres épaisses et de longs yeux rapprochés d'animal.

Partout, au hasard des aspérités, de grands

hiboux nous regardent dans leur immobilité funèbre, et d'immenses chauves-souris nous encerclent d'un vol velu et silencieux.

Nous regagnons le jour en parlant bas, de peur d'irriter les abeilles.

VERS POLLANARUA

LE JARDIN ZOOLOGIQUE

LE ROGUE

Dans quelques minutes, nous quitterons Sigiri, en dépit d'un soleil féroce. Mais la route est longue, un pneu peut éclater et, après sept heures du soir, la jungle n'est pas sûre.

Les pieds sur nos valises, nous attendons la Ford, assis sur la terrasse du rest-house, dont le toit nous protège de son ombre. Nous sommes au bord du soleil comme on est au bord de la mer.

Hollicott et moi avons la même tenue : des shorts sur des genoux nus, une chemise ouverte, un casque, des lunettes, et nous sommes huilés jusqu'aux yeux.

Chaque fois que je pose la main sur ma che-mise, qui n'est pas kaki comme celle du capitaine, j'y imprime un document anthropométrique. La jungle entière sent le Mosquitol !

Mon compagnon qui, sitôt un repas terminé, prévoit le repas suivant, a emporté des sandwiches et du thé froid. Maintenant, risquant le bras au soleil, il remue du bout de sa canne six œufs qui, dans une corbeille, étincellent. Je lui demande :

— Qu'est-ce que vous faites ?

— Des œufs durs.

Le vieillard du rest-house nous apporte une outre gonflée et une espèce de seau d'enfant.

— Vous espérez trouver du sable ? dis-je au capitaine.

— Vous peux rire. Ce sera bien utile pour nos têtes si nous vois qu'elles deviennent violettes.

Le vieillard revient, offrant sur un plateau une bouteille de gin, des citrons et une poudre blanche.

— Qu'est-ce que c'est que ça ? dis-je, intrigué.

— Un cocktail au quinine. C'est très sain.

— C'est buvable ?

Hollicott me regarde et déclare :

— Si c'était buvable, ce ne serait pas sain.

Voici la Ford. L'actif vieillard installe nos colis, sous l'œil contrôleur du capitaine. Je me lève, escorté d'un ballet d'insectes.

Hollicott, qui vient de causer avec le chauffeur, me dit, préoccupé :

— Vous m'as caché une rogue éléphant ce matin.

— Un rogue ? C'est la première nouvelle.

— Vous as pas vu que le chauffeur stoppait pour écouter ?

— Si, dis-je. Mais on n'entendait rien que, quelque part, du bois que l'on cassait.

— Et qu'est-ce que vous a cru que c'était ? me demande Hollicott.

— Un bûcheron.

— Oh ! du Croussett, vous es la limite, conclut-il.

*
**

Il est incroyable qu'en dépit de la capote et de nos casques nos crânes puissent à ce point brûler.

Il fait tellement chaud que cela nous occupe. Tous les quarts d'heure, nous nous coiffons réciproquement d'un seau d'eau. Hélas ! le soulagement est éphémère et, lorsqu'une embardée de l'auto nous envoie l'un contre l'autre, nous échangeons un sourire irrité.

La piste s'allonge et plonge, monotone. Les mêmes oiseaux, les mêmes insectes, mais pas une bête intéressante, pas un fauve, rien. J'ai envie de réclamer.

Le chauffeur ralentit, tend l'oreille et s'arrête.

— Qu'est-ce qu'il y a? dis-je à Hollicott.

Celui-ci me fait signe de me taire et écoute à son tour.

Un bruit de bois cassé, là, sous les arbres. Le bruit de ce matin, mais plus net, plus rapproché de nous. Et soudain, déchirant l'air, la trompette même du jugement dernier, c'est le rogue. Enfin ! quelque chose d'amusant !

Mais Hollicott a l'air ennuyé. Quant au chauffeur, son teint est devenu gris. Intéressé, je demande :

— C'est donc si mauvais que cela?

— C'est surtout mauvais au point de vue administratif, répond Hollicott.

— Comment? dis-je, abasourdi.

— Avez-vous payé la taxe? me demande le capitaine.

— Quelle taxe?

— L'impôt pour tuer l'éléphant.

— Non, dis-je.

— Alors, répond Hollicott, armant tout de même son fusil, vous peux rien faire, ni moi non plus, à moins que la rogue ne nous ait entendus et ne soit pas de bonne humeur.

Je demande :

— Et vous croyez qu'il nous a entendus ?

— No, car si c'est la même que ce matin, je crois qu'elle est sourd.

— Comment, sourd ?

— Oh ! cela arrive avec la rogue cinq fois sur dix. Viens avec moi.

Il saute de l'auto, le fusil à la main. Je l'imite. Silencieux, comme des trappeurs nous faisons quelques pas, aux aguets et le doigt sur la gâchette. Nous devons être photogéniques.

Soudain, Hollicott s'arrête et m'indiquant des arbres à gauche de la piste, il murmure :

— La rogue est là, derrière.

— Où ça ?

— Là, tout à fait derrière.

— Je ne vois rien du tout, dis-je.

— Naturellement, répond Hollicott. La chasse à l'éléphant, c'est comme la guerre ; vous vois jamais rien, ou alors c'est trop tard. Lui non plus ne nous voit pas, ajoute-t-il.

— Vous n'allez pas me dire qu'il est aveugle aussi ?

— No, mais il est parti.

LES PAPILLONS

Sur la piste monotone, la chaleur semble augmenter. Mais des papillons me distraient. Ils mesurent de huit à dix centimètres et projettent des ombres d'oiseaux. Tous uniformément, sont jaunes et blancs.

Ils avancent par vols successifs, comme de petites escadrilles.

L'air inquiet, le chauffeur stoppe, interrogeant Hollicott du regard. Celui-ci lève les bras au ciel.

— C'est un embêtement ? fais-je, intrigué.

— Oui, très gros. Un barrage. Nous allons être arrêtés.

— Par quoi ? Par des buffles ?

— No, dit le capitaine. Par des papillons.

— Vous vous fichez de moi ?

Pour toute réponse, Hollicott me demande :

— Vous sais respirer par le nez ?

— Oui, dis-je, interloqué.

— Alors, vous fais comme moi : vous mets votre mouchoir sur ta bouche.

— Faut-il essayer de passer ? interroge le chauffeur.

— Yes. Go head ! s'écrie Hollicott, sportif.

Puis, me montrant au loin la piste où roule un nuage, il me dit :

— Regarde ! Vous raconte cela quand vous rentre à Paris, mais vous trouve personne pour vous croire.

Le chauffeur a remis en marche, et maintenant les escadrilles se resserrent. Elles volent des deux côtés de la route, à hauteur d'homme et sur deux colonnes épaisses.

Mais là-bas, le gros de l'armée ferme la piste, et le barrage blanc vient sur nous avec un ronflement d'ailes feutrées.

A pleins gaz, le chauffeur fonce.

Allons-nous, comme un canot de course troue la mer qu'il divise, séparer la trombe neigeuse et passer entre deux murs d'ailes ?

— La glace ! hurle Hollicott. Baisse la glace !

Trop tard. Le nuage est sur nous.

Je ferme les yeux. Un choc violent et mou, l'impression d'être tamponné par du coton. Un horrible écrasement, continu et chaud. L'auto est engluée de farine, et partout un sang crémeux gicle et coule.

Nos mains sont sur nos visages comme des masques, et sur nous mille choses remueuses, agiles, grouillantes, affolées, glissent, culbutent, roulent, frémissent. Ce sont des effleurements, des chatouillements, de flasques caresses, une affreuse avalanche de petits mollusques poudrés, un embrassement griffeur qui nous oppresse, nous suffoque... Et nous trépignons de dégoût sous l'odieux assaut velouté.

D'intolérables minutes d'asphyxie, — et enfin la délivrance, le réveil après le cauchemar.

Quelques retardataires éparpillés sur la piste, puis, plus rien. La trombe est maintenant derrière nous, compacte et brillante, et, sous le tunnel de la piste, roule et s'enfonce comme un fabuleux train nacré.

— Dire qu'il y a des gens qui font le collection de ces bêtes-là, grogne le capitaine.

Je ne réponds pas, je me démaquille.

— Nous avons eu de la chance, continue-t-il. Ce n'était pas la vraie migration : elle n'a duré que sept minutes.

Je lui demande, en m'essuyant :

— Combien de temps dure une vraie migration?

— De deux à huit jours, répond avec simplicité Hollicott.

LES SINGES ET DIVERS...

Je viens de voir mon premier singe.

J'ai aussitôt arrêté l'auto, à l'exaspération du capitaine qui m'explique que, des singes, j'en verrai bientôt par milliers.

Mais cela m'est égal. Il n'y a que le premier singe qui compte, et celui-là me ravit : il est chauve, fourré de gris, avec des dents de petite fille et d'étincelants yeux actifs. Il est accroché à une branche, son trapèze, et grimace dans une courte barbe de vieillard.

L'une de ses mains fouille sa bouche ; une troisième pend, balancée ; et de la quatrième, il se gratte.

En nous voyant, il pousse un cri aigu, fait un rétablissement, tombe comme une pierre, et sa queue le rattrape. J'ai envie d'applaudir.

Mais la femelle survient, puis quatre petits, quatre acrobates atteints d'une fluxion. Et la représentation commence.

Le plus gros, sa queue nouée à une branche, coule à pic et, la tête en bas, attend. Le second dégringole sur le premier, le troisième croule sur le second, et enfin le quatrième plonge. La grappe pend et grignote, au hasard des mains libres.

Mais l'acrobate du bas, creusant les reins, se projette en avant, en arrière, en arrière, en avant, et maintenant la grappe bat comme un métronome. Le rythme s'accentue, s'accélère, s'emporte, et les parents, la bouche pleine, jugent.

Le balancé de gauche à droite, de droite à gauche, se précipite si haut, à gauche, si haut, à droite, qu'il va boucler la boucle. Mais soudain, les parents poussent un cri d'approbation, et plus rien : la grappe est escamotée !

— C'est épatant ce qu'ils font là, fais-je remarquer à Hollicott.

— Est-ce que vous remonte en auto, yes ou no ?

— No, dis-je. Je suis sûr qu'ils n'ont pas fini.

Ils ont fini et je me console car, là-bas, la piste est pleine de cris, et mon compagnon doit avoir raison lorsqu'il me promet des singes.

Mais, sur le point de regagner l'auto, un scintillant bouclier en filigrane d'argent m'arrête. Suspendu à une hauteur de deux mètres, il s'irradie et rayonne au milieu de la piste.

Au centre, quelque chose guette, une sombre touffe poilue dans laquelle je devine deux petits yeux féroces.

Et tout autour, prisonniers de la transparente

souricière, des papillons éperdus s'éventent, et d'énormes insectes bourdonnent et crient.

Maintenant, à ma stupeur, j'aperçois que, sur toute la longueur de la piste, les mêmes disques étincellent. La capote de l'auto m'avait empêché de les voir, mais ils sont là, pareils à des écussons de bienvenue, et composant un chemin de triomphe, se lèvent entre les arbres comme des soleils d'argent.

De temps en temps, dépliant de longues pattes velues, une geôlière chevelue descend un fil d'équilibriste, et rejoint, rapide et patiente, son brillant garde-manger.

****

— Nous sera trop tard pour Pollanarua, et vous rate le coucher du soleil sur le lac, me crie Hollicott qui, impatient, ne recule pas devant un chantage.

Résigné, je rejoins l'auto, contournant une manière de forteresse, une forteresse en terre rouge percée de meurtrières. J'appelle Hollicott.

— Qu'est-ce que c'est que ça?

Celui-ci descend de l'auto et, exaspéré, vient sur moi :

— Est-ce que vous vas t'installer devant chaque fourmi de la jungle?

— Comment? dis-je. Ce sont des fourmis qui ont construit ce fortin?

— Oui, répond Hollicott, qui éprouve toujours une certaine vanité à renseigner mon ignorance. Et, désarmé il ajoute :

— Si vous regarde à ta pied, vous les vois.

Un curieux cortège s'avance : c'est un rouge bataillon de gigantesques fourmis qui transportent un lézard.

Le lézard a dû être préalablement piqué et endormi car, bien que vivant, — je vois battre son gosier d'émeraude, — il ne bouge pas.

Le cortège est précédé par un état-major. En tête, une petite branche dans une de ses mandibules, le porte-fanion. Et tout cela défile comme des soldats à la parade.

Le peuple, sorti en masse de la forteresse, se presse pour admirer le triomphal retour. Et il me plaît d'imaginer, car les survenantes sont plus petites, que ce sont là les femmes et les enfants.

Le cortège se forme en colonnes par deux, passe sur un petit pont et pénètre dans le château-fort.

— C'est merveilleux de discipline, dis-je.

— Elles mériteraient d'être Anglais, répond Hollicott.

OU HOLLICOTT COMMENCE
SON COURS

Le capitaine, qui a hâte d'arriver à Pollanarua, n'est point d'avis que nous nous arrêtions au lac Minery, mais un léger crochet nous permettra de l'apercevoir.

Une piste, en effet, croise la nôtre et, au loin, bifurque. L'auto s'y engage et, soudain, la barrière de la jungle se lève comme un rideau de théâtre. Un lac apparaît, un humide jardin plutôt, un jardin de lys et de lotus roses, et qui semble n'avoir point de limites.

Pourtant, tout là-bas, des collines ferment l'horizon. Elles sont de ce même bleu limpide qui, à nos pieds, miroite entre les corbeilles aquatiques.

Sous un tourbillon d'oiseaux, nous contournons une forêt de joncs, et nous regagnons la piste.

Hollicott n'a pas regardé : il se verse du thé froid et mange.

— Nous aurions dû nous arrêter à Minery, dis-je amer. Il y avait un temple à visiter.

— No, répond Hollicott, péremptoire. C'est une hutte où on te dit : « Voilà le sabre du roi qui a fait le lac », et vous vois un vieux sabre dont aucun officier anglais ne voudrait.

— C'est tout?

— No. On vous dit aussi : « Voilà la statue du roi », et vous vois rien qu'une grosse pierre fatiguée. Et à côté du lac, on vous montre des pierres sculptées, et vous vois seulement une serpent qui a trop de têtes et une lion qui n'en a plus.

Mal convaincu, je reprends :

— Le lac paraissait bien beau.

— Vous aimeras mieux, tranche Hollicott, le lac de Pollanarua.

— Pourquoi? dis-je.

— Parce qu'il y a plus de bêtes dedans et plus de bêtes dessus, et que vous es ici comme une collégien dans le zoo. Mais je crois qu'après une nuit dans le rest-house, les bêtes vous les aime moins.

Inquiet, je demande :

— On ne trouve pas de punaises, au moins?

— Oh ! vous trouve beaucoup mieux que cela, me promet Hollicott, sardonique.

Je ne réponds pas. J'évoque le lac entrevu,

et songe à ces rois, ingénieurs et poètes, qui creusèrent, il y a deux mille ans, ces fantastiques réservoirs. Si l'on survolait l'île que l'on dit d'Émeraude, elle apparaîtrait toute bleue de ces grands saphirs incrustés.

Jadis, ces lacs, protégés de remparts, maintenus par des digues, réglés par des écluses, irriguaient des cultures, des jardins. Et de blanches villes lumineuses respiraient à la fraîcheur de ces belles mers inventées.

Aujourd'hui, ces lacs de jungle ne sont plus réglés que par le ciel et, dans les saisons sèches, la terre les boit et le soleil les aspire.

****

Nous arriverons vers cinq heures à Pollanarua, mais en dépit de la soirée prochaine, la chaleur s'aggrave, une chaleur dense, poisseuse, adhérente, si humide et si pleine d'odeurs qu'elle semble la transpiration même de la jungle.

Vingt kilomètres à peine nous séparent de l'antique capitale, et nous roulons sur l'étroite piste brûlante, toute bossue de ronces. J'ai peine à me figurer que ce sentier épineux fut autrefois la voie triomphale par laquelle, vainqueurs des Malabars, les rois cinghalais regagnaient leur bonne ville, avec leurs armées de chars et leurs escortes d'éléphants.

— Je me demande, dis-je à Hollicott, où commençait la ville, il y a mille ans.

— La ville? Il y a vingt kilomètres que vous roules dessus.

— Qu'est-ce que vous dites?

— La vérité ! Elle avait cinquante-quatre kilomètres de long. C'était plus grande que Paris et Londres réunis.

— C'est une blague.

— Du Croussett, quand vous sais rien vous commence toujours par être sceptique. Avez-vous lu le grand livre cinghalais, le Mahawanso ?

— L'occasion ne s'en est pas présentée, dis-je.

— Vous veux entendre l'histoire de Pollanarua? C'est court.

— J'écoute.

— Elle fut bâtie par les rois de Ceylan, en 759, commence Hollicott, dont la mémoire des dates est prodigieuse.

— Avant le Christ?

— Après. Ces rois habitaient Anuradhapura, mais ils ont laissé tomber leur capitale par une frousse terrible de l'invasion, en 758.

— Avant le Christ?

— Toujours après. Mais ne m'interromps pas.

Il y avait dans la ville cent trois académies pour la musique et pour la danse. Vous veux connaître aussi le nombre de réservoirs?

— Non.

— Le nombre de canaux?

— Non, non. Passez tout cela.

— Le nombre des dagobas?

— Vous savez cela aussi?

— Il y avait cent dagobas, trente et un temples dans le roc et six mille appartements pour les prêtres voyageurs, avec des jardins et des bains. Et maintenant, dans le rest-house vous trouves même pas un tub! Il y avait quatre mille écoles publiques, et maintenant plus personne ne sait lire ! Et il y avait des cuisines partout, comme des grill-rooms pour le peuple. Et aujourd'hui, si vous veux une poulet, il faut l'acheter tout fait à Kandy et l'apporter dans la voiture.

— Diable ! fis-je. Qu'est-ce que nous allons manger ce soir?

— Une poulet, me rassure Hollicott, en me montrant sa valise. Je l'ai mis dedans pour la protéger contre la soleil, mais j'ai peur qu'elle sente le cuir.

— Il sera immangeable, dis-je, écœuré.

— No. Avec la sauce anglaise, tout passe. Où est-ce que j'en étais?

— Aux grill-rooms pour le peuple.

— Oui, soupire Hollicott, les vieux cinghalaises étaient civilisés. Le palais du roi Prakrama était presque un skyscraper : il avait sept étages, et il était plus grande que le château de Windsor.

— Je parie, dis-je, que vous connaissez le nombre des chambres ?

— Oui, affirme Hollicott : quatre mille. Et il y avait dessus un paratonnerre.

— Un paratonnerre ! Vous allez fort. C'est Franklin qui l'a inventé.

— No. C'est un mensonge américain, proteste Hollicott. Les vieux Cinghalaises, ils savaient placer, sur la sommet des monuments, des petites colonnes de verre pour renvoyer la foudre.

Hollicott se verse un seau d'eau sur la tête, le remplit à nouveau, me l'offre et reprend :

— Pollanarua a été la capitale de l'île pendant cinq cents ans. Et puis, elle a été pris et puis détruite.

— Par les Malabars, dis-je.

— No, du Croussett : par la jungle. Et, quand vous verras les ruines, vous vous rendras compte que la jungle il a beaucoup mieux travaillé que la Malabar. La capitale a ensuite grimpé à Kandy, puis descendu à Colombo. Ensuite, la Portugaise est arrivé, et le capitale est repartie pour

Kandy, et là elle a mouru. Vous comprendre ?

— Ça va.

— Et toutes ces palaces, et ces bains, et ces temples, et ces marbres, et ces ors, et ces dagobas... — je pense vous sais ce que c'est qu'une dagoba ?

— Oui, dis-je.

— Vous en verras beaucoup : c'est une montagne en maçonnerie, avec une obélisque dessus, et dont la plateforme est carrée. Vous veux savoir l'origine du mot ?

— Ah ! non, par exemple.

— Il y avait une escalier dans l'intérieur, mais personne ne l'a jamais vu.

— Alors, comment le sait-on ?

— Par des potins ! Les ouvriers chinois ont beaucoup travaillé dessus. C'était à la fois une tombeau et un reliquaire, et chaque dagoba avait une dent ou quelque chose de Bouddha. Vous a lu le livre de Sir Emerson Tennent ?

— Non.

— Vous as tort. Il dit qu'avec la matériaux de la seule dagoba d'Abhayagiria vous aurais pu construire huit mille maisons, ou une muraille qui irait d'Édimbourg à Londres.

— Tout est possible, fis-je avec philosophie.

— Ça vous intéresse pas ce que je raconte ? me demande Hollicott, vexé.

— Beaucoup, dis-je, mais je n'ai pas la passion des chiffres.

— Vous es un drôle de voyageur, remarque Hollicott. Vous as probablement jamais rien lu sur Ceylan ?

— Si. J'ai lu de forts beaux articles d'André Bellessort, un petit livre très bien fait de Leclercq, et d'admirables pages d'André Chevrillon.

— Oh ! Chevrillon est une grand Français, déclare Hollicott.

Stupéfait, je le regarde.

— Comment savez-vous cela ?

— Parce qu'il a très bien parlé des Anglais. Il est connu chez nous. Mais il y a un écrivain français qui n'a rien compris à Ceylan.

— Qui cela ?

— Pierre Loti. Il a fait un livre : *L'Inde sans les Anglais*. C'est ridicule. C'est comme si tu disiez la France sans les Français.

— Ce n'est pas tout à fait la même chose, fais-je timidement.

— C'est exactement, tranche Hollicott.

Je ne discute pas, j'ai trop chaud. Je songe au mot de mon camarade : « Ici, vous mijote dans le marmite. » J'ai les tempes qui battent.

La plus belle ruine du monde pour un bain froid !

— Passez-moi le seau d'eau, dis-je au capitaine.

— No. Nous allons arriver. Ce n'est plus de l'eau qu'il faut, c'est du Mosquitol.

— Il n'y a pas de moustiques.

— Vous es en auto. Vous verras quand vous seras arrêté. Et vous sais, chaque moustique peut te faire cadeau de la malaria.

POLLANARUA

LE REST-HOUSE

La piste, comme tout à l'heure à Minery, s'est ouverte et, à notre gauche, un lac s'étale, mais hélas ! combien dissemblable.

Est-ce la faute de l'heure ingrate ou du ciel différent, le lac ici n'est plus bleu, mais livide. Les mêmes lys et les mêmes lotus roses, mais noyés dans une sorte de brouillard de fièvre.

D'épais troncs d'arbres, qui sont des crocodiles, affleurent sous cette eau métallique, que surplombe une petite maison basse, flanquée d'une vérandah garnie d'étranges fauteuils de malades. Elle est là, isolée et malpropre, dans une cour de gravier.

— La gravier est à cause de la serpent, me renseigne Hollicott.

L'auto, qui décrit un virage, s'arrête devant un rideau fait de morceaux de bambous, et qui est la porte.

— Nous voilà loin du palais de Prakrama, dis-je au capitaine. C'est sinistre ! Et quelle vilaine couleur !

— C'est les orages.

— Où ça, l'orage ?

— Vous ne les voyez pas parce qu'en cette saison ils ratent. Mais, dans quelques semaines, ils réussissent, et ça pleut chaque jour pendant trois mois.

Un jeune Cinghalais décharné écarte le rideau et nous accueille. Il ressemble à la Famine aux Indes.

— Où est votre patron ? demande Hollicott.

— Malaria, répond l'adolescent.

— Qui va nous faire à dîner ?

— Lui. A sept heures, sa crise est passée, dit le boy dans un mauvais anglais.

— Montrez-nous toujours vos deux meilleures chambres, ordonne le capitaine.

Comme nous allons pénétrer dans le rest-house, des pas derrière nous font crisser le gravier.

Ce sont deux Cinghalais qui maintiennent sur l'épaule une grosse branche à laquelle, ficelé par les pattes, pend un léopard. Son muffle saignant a gardé dans la mort sa dernière grimace agressive. Mais le coup foudroyant a été propre : la belle tête terrible est intacte.

— Une balle dans l'oreille, me dit Hollicott.

Voici le chasseur : un Anglais d'une quarantaine d'années, cramoisi derrière des lunettes vertes, un fusil en bandoulière et un autre à la main.

Le capitaine pousse son cri de guerre :

— Hullo !

Puis en anglais, il ajoute, cordial :

— Je vous félicite de votre chasse.

L'homme s'arrête, nous dévisage et, sans bonne grâce, nous demande :

— Vous dînez ici ?

— Oui, répond Hollicott, interloqué.

— Vous avez quelque chose à manger ?

— Un poulet.

— Un ou deux ?

— Un.

— Damn ! fait l'Anglais, qui disparaît dans le rest-house.

— S'il a faim, il n'a qu'à manger sa léopard, dit Hollicott, furieux.

Les deux meilleures chambres du rest-house sont deux cellules, avec une ouverture béante en guise de fenêtre. Pas de lampe : un bougeoir sur une table boiteuse. Les murs, qui ont dû être blancs, sont cachés sous des panoplies de lézards.

Un renard-volant entre et ressort. Autour de nous, la danse empoisonnée des moustiques.

Je m'épuise en efforts pour fermer la porte.

— Ne vous fatigues pas, du Croussett. C'est exprès pour faire un courant d'air.

Puis, s'adressant au Cinghalais :

— Vous n'avez pas de chambres au premier?

— En réparations, répond le boy.

— Dash it ! grogne Hollicott.

Je demande :

— Le premier est mieux que le rez-de-chaussée?

— Mieux, non, dit le capitaine. Mais vous es moins exposé aux visites.

— Quelles visites?

— Les visites que la jungle envoie pendant la nuit.

Un inconfortable malaise m'envahit et, pour la première fois, j'éprouve cette appréhension que j'avais tant souhaitée. Je sens que cette nuit j'aurai peur : cela m'angoisse et m'enchante.

— Vous regarde ta moustiquaire si elle n'a pas de trous. C'est le seule chose importante. Moi, je vais visiter la mienne. Après, nous prenons le thé, et puis nous ira voir les ruines.

— Parfait, dis-je. Mais je veux revoir les crocodiles, je vous attends dehors.

AU BORD DU LAC

Accoudé sur la rampe de la terrasse, je regarde
le lac, mais il n'y a plus de crocodiles : les inquiétants troncs d'arbres sont en plongée.

J'admire à présent combien l'immense « tank »
semble paisible. Il dort sous les fleurs, bordé
à gauche par des bois de joncs et de roseaux,
et au deuxième plan par la jungle. Mais, partout
ailleurs, sa nappe ensommeillée ferme l'horizon.

L'invisible orage a passé, sans doute, car une
lumière bleue azure les plantes et l'eau, et le
fiévreux brouillard rayonne.

Dans l'atmosphère rajeunie, un peuple d'oiseaux siffle, chante, gazouille, crie, et des légions
d'ailes tourbillonnent et planent.

Voici des grues blanches, immobiles sur leurs
échasses, des hérons gris, de rêveurs flaments
roses, des pélicans compassés.

Voici des bandes d'oiseaux qui ressemblent à nos canards sauvages, mais ils sont grands comme des cygnes ; d'autres qui rappellent nos martins-pêcheurs ; d'autres encore, mille autres dont j'ignore l'espèce et le nom.

Que ces eaux, ces oiseaux, ces fleurs, semblent bucoliques. Mais, que d'âpreté sous cette douceur !

Ces blanches cascades de plumes, ces fraîches glissades d'ailes, tout cet envol n'a qu'un idéal : manger, et ces belles ailes lyriques sont aux ordres de becs affamés et qui pêchent.

Au ras de l'eau, comme des petites flèches noires, des hirondelles instantanées filent, harponnant des insectes.

Le lac surveillé dort et rêve sous ses belles corbeilles aquatiques, mais, tandis que je le contemple, son eau crève, et d'actives mâchoires apparaissent. Elles s'écartent, ouvrant des gouffres blêmes et gluants, et se referment sur des froissements de plumes avec un sinistre déclic. C'est tout un lac qui happe et qui tue.

Au bord des joncs, un pélican pique du bec et disparaît. Des flaments roses crient, saignent et s'enfoncent. Mille drames, en une minute, se jouent sur l'eau trouée. Et l'on ne sait plus si ces jaillissements d'ailes sont des essors ou des agonies.

Puis, c'est l'accalmie, et de nouveau le lac somnole, assouvi.

Mais bien au-dessus des traîtres eaux meurtrières, dans le ciel torride où la lune, pâle encore, commence à monter, d'autres oiseaux planent, avec des yeux perspicaces, des becs durs et des serres crochues : c'est la tribu ennemie, la tribu guerrière des aigles et des éperviers.

Et, tandis que, confiant, le peuple des pêcheurs guette l'eau poissonneuse, là-haut, embusquée dans le ciel, la race belliqueuse les envoûte peu à peu de ses patients cercles noirs.

****

Quelque chose me touche l'épaule; et violemment, je tressaille. C'est Hollicott qui porte tout ensemble un stick et une canne.

— Qu'est-ce que vous as ? demande-t-il.

— Rien, dis-je. Mais c'est horrible.

— Quoi? Le ronflement?

Je me retourne.

La figure sous un mouchoir, l'Anglais de tout à l'heure, renversé sur l'un des fauteuils de la terrasse, grogne en mâchonnant son sommeil. Ses jambes, comiquement écartées, reposent sur de larges palettes de bois qui forment corps avec le siège et lui donnent un air de chaise-longue.

— Pratique pour que les jambes ne transpirent pas l'un contre l'autre, me documente le capitaine qui, sociable, réveille d'un « Hullo ! » le dormeur.

Celui-ci sursaute, rouspète, s'essuie et se rendort.

— Pas plus poli que tout à l'heure, remarque Hollicott.

Le boy apporte le thé.

— Pourquoi avez-vous deux cannes ? dis-je en m'attablant dans un nuage d'insectes, tandis qu'autour de nous un renard-volant nous évente sans nous rafraîchir.

— Parce que vous veux voir les ruines.

— C'est donc si loin que cela ?

Le capitaine hausse les épaules :

— Quinze minutes en auto. Mais c'est à cause de la serpent aveugle.

— Quoi ?

— C'est une serpent qu'on appelle comme ça parce qu'elle ne sort que le soir. Et elle est perfide.

— Il y en a beaucoup ?

— Trop, dit Hollicott, éclaboussé par un énorme bourdon qui vient de plonger dans son thé. Et nous peux trouver aussi autre chose que de la serpent, mais les fusils sont dans la voiture.

— Voyons, dis-je, écartant les fourmis rouges qui assiègent le sucrier, entre nous, vous n'exagérez pas un peu?

Hollicott vide sur son assiette un pot de confitures, l'avale en luttant contre un second bourdon, puis me demande :

— Du Croussett, qui vous a parlé de Pollanarua?

— Des compatriotes à vous qui y sont allés.

— En quelle saison?

— Je ne sais pas, moi : en décembre, janvier...

— Nous sommes en avril. C'est l'été ici, ça fait toute la différence. Les bêtes sont terriblement excitées. Vous verras ça cette nuit.

— Tant mieux, dis-je, d'une voix mal assurée.

Hollicott sourit, de son sourire qui m'agace, écrase avec sa serviette quelque chose de plat et qui craque, et nous nous levons.

Mais le boy survient et, à voix basse pour ne pas troubler le dormeur, échange quelques mots avec le capitaine. Je demande :

— Qu'est-ce qu'il dit?

— Il dit que nous peux pas sortir.

— Comment, pas sortir? Pourquoi?

— A cause de la rogue.

— Encore ! Cela devient saumâtre. Il abuse, C'est toujours le même?

— Oh ! c'est une beaucoup plus mauvaise, dit Hollicott. Tous les gens de la village sont barricadés dans leurs maisons.

Je m'écrie :

— On ne peut donc pas tuer ces bêtes-là ?

— Si, me répond le capitaine ; seulement, l'impôt sur l'éléphant a augmenté. Je vais profiter, continue-t-il, pour faire le sieste avant dîner. Vous aussi ?

— Non, dis-je, rageur. Je n'ai pas sommeil.

— Qu'est-ce que vous vas faire, alors ?

— Je ne sais pas.

LE TEMPLE SUSPENDU

Je sais très bien.

Tout vaut mieux que cette terrasse de moustiques et que ce mouchoir soulevé qui ronfle.

Je ne crois plus à l'épouvantail du rogue, et je suis décidé : je vais voir les ruines.

Le chauffeur m'explique qu'il a des enfants, que la nuit vient et que les temples sont en pleine brousse. Mais vingt roupies le font démarrer, et même le rassurent.

Nous nous arrêtons devant un champ de broussailles et de ronces. Dix roupies de plus décident le chauffeur à laisser là l'auto et à me servir de guide.

J'arme l'un des fusils, et mon compagnon, s'emparant de l'autre, marche à mes côtés, le doigt sur la gâchette, ce qui, pour le coup, rend mon expédition périlleuse.

Le sol que nous foulons est dur comme de la

pierre, et, sous son rugueux tapis d'herbes et de lianes, c'est bien de la pierre, en effet, car nous avançons sur ce qui fut un forum.

Ce monticule que nous gravissons est un éboulement de colonnes, mais à ce point envahies par les épines, feutrées d'herbes, enroulées de ronces, que, sans mon guide, je ne les eusse point devinées.

Nous heurtons des cailloux qui sont des morceaux de marbre, des débris de balustres ou des fragments de socles gravés. Je ramasse une pierre ; c'est le milieu d'un beau front, avec un dessin pur de sourcils.

Sur cette poussière de temples, sur ces palais émiettés, pas un arbre n'a pu pousser. Mais partout des racines, des racines dont la violence a dynamité la pierre.

Par un effort de huit siècles, elles ont labouré le ciment, arraché les piliers qui se sont brisés sur leur base, et les dalles ont basculé sur leur levier noueux.

Mais c'est en vain qu'elles sont arrivées au jour, en vain qu'elles s'arc-boutent, dans un suprême effort, et tentent, comme leurs sœurs luxuriantes de la jungle, de s'élancer vers le soleil. La terre sans sève qu'elles ont traversée leur refuse la force de jaillir. C'est la victoire inutile après tant d'obscures batailles, et les racines rampent, douloureuses, sur les grands temples vengés.

Un palais a survécu et des temples, dont l'un se lève sur la brousse comme un îlot sur la mer.

Un champ de décombres me sépare de lui, un glorieux champ de colonnes, de stèles et de chapiteaux, mais que je ne franchis pas tout de suite, tant je demeure ébloui.

Immense et précieux, il est posé sur un socle, et sa majesté a la grâce d'un bibelot. Ainsi suspendu, il décrit un cercle parfait. Il a la forme ronde des astres.

Faisant face aux points cardinaux, quatre escaliers, tout gardés de colonnes, montent vers lui et l'invoquent, et, à trois reprises, s'arrêtent comme interdits sur des parvis de prières.

Ils opposent, selon le mythe chinois, leurs purs carrés, qui représentent la Terre, au cercle aérien qui symbolise le Ciel. Peut-être aussi, dans leur ascension trois fois contrariée, les degrés suppliants opposent-ils, à la sérénité du temple, le destin traversé de nos terrestres calvaires.

Ces beaux escaliers ont, à travers les siècles, conservé leurs stèles protectrices. Sculptées, elles représentent les gardiens du temple. Sous le dais du cobra à sept têtes, ils nous surveillent de leurs yeux millénaires.

Une large pierre de lune précède les marches et leur sert de parvis. Sur l'immense dalle court la frise rituelle avec ses éléphants aux trompes dressées, ses chevaux paisibles et ses vols d'oies sacrées.

Lentement, je gravis les degrés. Face au couchant, un Bouddha les domine, assis les coudes au corps, les mains sur les genoux. Ses épaules polies accrochent la lumière du soir, et ses yeux, dans son pur visage impassible, suivent un songe hermétique à l'abri des paupières fermées.

Enroulé à son cou, un immense et lourd collier rutile et, comme nous approchons, bouge, glisse le long des genoux de granit, et disparaît silencieusement dans la brousse.

— Python, me dit mon guide, qui me happe le bras.

Je vois à présent que les murs du sanctuaire, les perrons, les parvis, sont tout gravés de fresques où grimacent des gnomes hilares et ventrus, et des lions aux crinières bouclées.

Le sanctuaire lui-même a disparu, pulvérisé, et un arbre a jailli, unique, mais formidable : c'est un figuier d'Adam, où crie et gambade la tribu sacrilège des singes.

Combien, en ce moment, leurs bruits et leurs bonds m'importunent ! Dans le soir gaufré d'or, que bleuit déjà la lune, je m'assieds sur un fût de colonne et frappe, d'une canne romantique, l'herbe épineuse qui rend un son de granit.

Nostalgie exaltante des ruines !

Ici, nul profanateur n'a relevé le Parthénon. Un seul pilier suffit pour inventer le Temple. Les siècles croulent autour de moi, et le vaisseau sacré se reconstruit avec ses avenues de marbre, ses autels de lumière et son peuple doré de prêtres et d'idoles.

L'orchestre martelé des insectes rythme, avec ses cris et ses tambours, les messes barbares que mon âme errante imagine, tandis que, soudain criblé d'astres, le ciel refait au temple éventré un dôme éblouissant d'étoiles.

AU SEUIL DU CAUCHEMAR

Nous regagnons le rest-house sur une piste enflammée de lucioles qui, sous la voûte brillante, tremblent et scintillent comme des étoiles plus petites.

Mais, comme nous approchons, deux lampions agités en tous sens nous arrêtent : c'est, suivi du boy, Hollicott parti anxieux à notre rencontre.

Le capitaine a emprunté les fusils du chasseur. Il est armé comme pour conquérir une nouvelle colonie.

— Pourquoi vous es parti comme ça ? s'écrie-t-il, furieux. Vous as risqué ta vie, tout simplement.

Sa colère me touche, mais sa manie de dramatiser le pays me fait sourire.

— Vous as tort de blaguer, gronde-t-il. La rogue elle est venue jusqu'au rest-house.

— Vous voyez, dis-je, c'est vous qui avez été imprudent.

— Jusqu'au gravier, renchérit le boy, me montrant une énorme empreinte.

Je demande :

— Qu'est-ce qui l'a fait reculer ?

— C'est la petite fox-terrier de l'Anglais qui ronfle, répond Hollicott. La rogue n'a peur que d'une chose : c'est de la chien.

— Il fallait me prévenir, dis-je. Nous en aurions emmené.

— No, déclare le capitaine, c'est dangereux. La chien aboie sur la piste de la léopard. Alors, la léopard mange la chien et ça la met en appétit. Vous veux entendre l'histoire du médecin anglais, de la chien et de la léopard ?

— Non, fais-je, épouvanté. J'ai infiniment trop faim. Vous me raconterez cela à dîner.

* *
*

Sur la terrasse, où nous attendons de passer à table, Hollicott, qui se frictionne au Mosquitol, me regarde à la dérobée. Je crois qu'il m'en veut un peu d'être rentré sans incident. Maintenant qu'il est rassuré, je le sens déçu.

— Alors, vous n'as pas eu la moindre fait divers ? me demande-t-il, en me tendant le flacon d'huile protectrice.

— Non, dis-je.

— Pas rencontré la ours?

— Non.

— Même pas la chat-tigre?

— Même pas, fais-je, éternuant sous mon huile.

— Rien alors? La place de l'Opéra?

— Non. Un python qui, en nous voyant, a filé.

— Et c'est tout?

— Des singes.

— Eh bien, dit Hollicott passant à table, pour le saison ce n'est pas assez.

Et, pour un peu, il enverrait, vexé, du papier timbré à la jungle.

A la lueur de la lampe à pétrole, la petite salle à manger expose ses lézards.

Pendue à deux petites chaînettes noires d'insectes, la lampe éclaire mal et fume.

Le chasseur, déjà installé, avale un potage aux moustiques.

Derrière lui, le pankha grince, éventant la pièce torride et qui pue.

— J'ai bien pensé, dit le chasseur, à éteindre la lampe tout à fait, à cause des insectes, mais la lune n'éclaire pas encore assez.

— Très juste, acquiesce Hollicott, qui déplie

un vieux numéro du *Times* et en sort le poulet.

Aussitôt, se mêle aux relents du Mosquitol et du pétrole une saine odeur de cuir.

Mais l'œil du chasseur s'allume :

— C'est un bien beau poulet, dit-il, avec un sourire engageant. Où l'avez-vous tué ?

— A Kandy, réplique froidement Hollicott.

— Ah ! vous venez de Kandy, soupire l'étranger. Vous avez de la chance. On y trouve de l'eau presque froide.

Je demande :

— Il y a longtemps que vous êtes installé ici ?

— Trois ans. Mais je loge généralement à Anuradhapura, où il y a un bon hôtel, mais jamais d'eau froide.

Comme nous le regardons, surpris il ajoute :

— Je suis le sous-chef du district.

Le capitaine aussitôt se lève, joint les talons et annonce :

— Capitaine Hollicott, Coldstream Guards, attaché à l'État-Major.

— Jefferson Payn, ingénieur, ex-capitaine Royal Field Artillery, réplique le chasseur qui, à son tour, se lève.

C'est à moi. Je me dresse :

— Croisset, fais-je.

— Officier ? demande Jefferson Payn.

— Lieutenant de réserve 6e dragons.

Debout, nous échangeons des poignées de mains huileuses, et nous nous rasseyons sur un sourire.

Le sous-chef du district aura du poulet !

— Si nous prenions le café sur la terrasse? propose Hollicott.

Je demande :

— Est-ce qu'il fera moins chaud qu'ici?

— Il ne fera jamais moins chaud nulle part, me répond-il, mais cela ne sentira pas mauvais. Vous venez? demande le capitaine à notre nouvel ami.

— No, répond-il. J'ai un rapport à écrire, alors je vais me coucher.

— Comment?

— Les premiers temps, je les écrivais le jour, ou au clair de lune, mais cela fatigue les yeux. Alors, maintenant, je les écris sous ma moustiquaire, au risque de les attirer tous.

— Est-ce qu' « ils » entrent sous les moustiquaires? demande Hollicott, inquiet.

— Par des soirs comme ceux-ci, ils entrent partout. Bonne nuit, Messieurs.

— Qui ça, « ils »? Qu'est-ce qu'il a voulu dire?

— Vous comprendras quand vous seras dans ton lit.

Je hausse les épaules, incrédule, mais impressionné, et nous sortons.

La nuit torride est comme tissée de moustiques. Les trois fauteuils, vernis par la lune, brillent sur la terrasse de phosphore, et le lac éblouissant étale un bain de mercure.

Hollicott déménage son fauteuil.

— Pourquoi faites-vous cela? lui dis-je.

— A cause de la réverbération du lac, me répond-il.

***

Je ne croyais pas que l'on pût avoir aussi chaud.

Nous ne parlons plus, atterrés. La nuit oppressive est sur nous comme une molle bête ardente.

D'où vient cette incroyable chaleur? Tombe-t-elle de cette lune torrentielle qui nous douche de ses rayons, monte-t-elle de ce lac incandescent où crient des crapauds incendiés, ou de ce gravier irritant qui scintille?

Hollicott, qui maigrit, sue du Mosquitol.

Je fume, mais quel effort ! C'est vrai que ce lac nous aveugle. Si mon fauteuil pouvait se retourner de lui-même !

Et cette ronde, cette ronde de moustiques, et ces phalènes trop grands qui nous frôlent, et ces bizarres insectes d'opale qui ont l'air de bêtes lunaires !

Une rumeur, confuse encore, rôde dans la jungle. Le fox-terrier, dans le rest-house, gémit et gronde. Peu à peu, les rumeurs s'accentuent, mais rien ne s'y précise. Ce sont des bruits obscurs, inconnus, tout un mystérieux et féroce prélude : sans doute des milliers et des milliers de bâillements, de soupirs de bêtes qui s'éveillent, s'étirent, se dressent et qui vont tuer.

Rien ici n'a changé depuis les premiers âges du monde, et la nuit carnassière est déjà pleine de menaces.

Parfois, tout bruit s'éteint, et la nature anxieuse attend, interdite, comme devant l'orage.

*
* *

Hollicott bâille, ce qui, par contagion, me fait bâiller.

— J'ai sommeil, dis-je. Je vais dormir.

— Ces deux choses dans cette pays n'ont aucune rapport, déclare Hollicott, sentencieux.

Je ne réponds pas et me dirige vers ma chambre.

— Du Croussett ?

— Oui.

— Vous as soin de prendre tout ce qu'il faut

sous ta moustiquaire : Mosquitol, cigarettes, mouchoir, cendrier, allumettes. Parce qu'une fois dedans, ce n'est pas confortable de ressortir.

Me dit-il cela par sollicitude ou pour m'inquiéter ?

Il reprend :

— Vous oublie pas de poser tes pantoufles sur ta couverture, pour quand vous descendras de ton lit.

— Pourquoi ?

— Parce qu'on ne sait jamais sur quoi vous tombes.

— Sur un nid de serpents, n'est-ce pas ? fais-je, crâneur.

— Oh ! une serpent suffit, réplique Hollicott. Et vous peux sauter aussi sur la scorpion ou sur la grosse araignée venimeuse. Vous verras bien.

Mais ce sera comme pour le rogue, et je sais que je ne verrai rien.

LA NUIT HANTÉE

Je le sais, mais en suis-je bien sûr?

Ma chambre est énigmatique. La baie qui me sert de fenêtre, et par où ruisselle la lune, est bien près de la cour de gravier.

Comme la ligne de la jungle est proche !

Un fouillis de plantes encadre l'embrasure, et quelques fleurs, il me semble. Je voudrais en cueillir une, elle me pique. Ce ne sont pas des fleurs, mais des insectes bleus et or qui portent la livrée de la nuit.

Je tends l'oreille : d'où viennent ces bruits de rongeurs, ces grignotis ?... Est-ce dehors? Non, c'est dans ma chambre.

Je tressaille : quelque chose s'est posé sur mes cheveux. Quoi? c'est déjà parti.

C'est sur ma nuque maintenant. Je me gifle d'une main fiévreuse. Trop tard. Ma nuque douloureuse me démange. Ce n'était pas un mous-

tique, cependant. C'était plus gros, dur et griffeur. Un sourd malaise m'envahit.

Vite, je me déshabille pour gagner la moustiquaire, ce refuge. Mais tandis que j'enlève mes
souliers, quelque chose, par terre, remue, agile
et rapide. Un dégoût me soulève.

Si Hollicott avait raison, pourtant?

Vite, j'entasse sur mon lit le Mosquitol, mes
cigarettes, mes allumettes et même mes pantoufles.
Je m'embarque pour ma nuit comme l'on part
pour un voyage.

Me voici maintenant sous la moustiquaire ;
mais je me demande si j'y suis seul.

Ma chambre est autour de moi, agressive.

J'ai oublié mon foulard pour les yeux : jamais,
dans ce jour lunaire, je ne pourrai dormir. Mais
la seule idée de descendre me donne la nausée.

De grandes ailes, à l'état d'ombres chinoises,
tourbillonnent sur le parquet. Je regarde au
plafond : il n'y a rien. Mais une bête, dans l'embrasure de la baie, intercepte le clair de lune. Elle
est partie. Pourquoi n'y a-t-il pas de grillage?

Ma moustiquaire vient de se balancer. Pourtant,
pas un souffle d'air : alors, pourquoi?

Je transpire, mais j'ai froid. Ai-je le cauchemar
ou la fièvre?

Qu'est-ce qui vient d'entrer par la baie? C'est

trop grand pour une chauve-souris, et cela vole avec des ailes de feutre. Cela doit être un renard-volant. Un autre, un autre encore !

Le gravier vient de crisser. Je me dresse sur mon séant. Est-ce une hallucination? Là, dans la cour, en contre-bas, des yeux verts brillent et s'éteignent.

La baie s'obscurcit à nouveau : encore une visite. Elle hésite... Elle est entrée.

Vais-je recevoir ainsi toute la nuit?

Soudain, venant de la jungle, de là-bas, de ce là-bas si près de moi, un atroce miaulement, un miaulement qui semble un signal : maintenant, la jungle chasse.

Ce sont des craquements, des souffles, des poursuites ; puis, des plaintes, des halètements, des rugissements, des grognements, des grince-ments, des râles ; des poursuites encore, et de nouveau le miaulement abominable. Mais le silence retombe, un actif silence traversé d'élytres. Autour de moi, le grésillement tenace des mous-tiques, comme le bruit même de la fièvre.

Le lac à présent. Des clapotis dans le lac. Quelque chose boit au pied de la terrasse : le large clapement régulier d'une bête qui a tué et qui lappe.

Si seulement ce qui est accroché à ma moustiquaire pouvait s'en aller ! Je sais bien que ce n'est qu'un renard-volant, mais j'ai l'impression que c'est un vampire. Suspendu à la gaze, il me regarde, sa tête de diable encadrée de ses ailes membraneuses. Qu'est-ce qu'il va faire ?

Les plantes bougent qui encadrent la baie. Qu'est-ce qui entre ? Je vois mal avec mes yeux agrandis, mais la chose est longue, sinueuse, et elle bruit. C'est comme à la guerre : est-ce une arrivée ou un départ ?

Il faut en finir. Je ne peux plus voir ce que j'entends. Il me faut mon foulard.

Je cherche mes pantoufles. J'en tiens une, mais quelque chose a sauté sur le parquet. Mes cheveux se hérissent. Ce n'est rien, rien que ma seconde pantoufle qui vient de tomber. Je m'injurie, je m'intime l'ordre de descendre.

Mais si j'écarte ma moustiquaire, « on » peut entrer ? Tant pis ! Tout vaut mieux que cette livide lumière déformante. Je saute.

Une exclamation d'horreur m'échappe : j'ai glissé sur un corps tiède. Au pied, une petite douleur aiguë comme un coup de lancette. L'embrasure vient de s'obstruer, je ne vois plus rien. Je réprime un besoin de crier. Mon cœur bat dans ma gorge et m'étouffe.

La fenêtre dégagée, je bondis sur ma pantoufle, je saisis mon foulard, et je regagne mon lit comme un naufragé son canot. Enfin à l'abri, je comprime, honteux, les lâches battements de mon cœur.

Je suis ridicule, je le sais, mais je n'y peux rien. J'ai peur.

Autour de moi, je sens que tout pique, que tout mord, que tout griffe. Je suis comme assiégé par la nuit et par cette jungle qui envoie au hasard ses redoutables messagers.

En moi l'âme horrifiée des premiers hommes se réveille. Je suis sans armes, je suis seul, je suis une proie. Une immense tristesse humiliée m'envahit. Je revis des heures tombées dans le gouffre des siècles, des heures d'abjecte terreur et dont mes os se souviennent.

Pourtant, cette panique qui me fait trembler je l'ai attendue, souhaitée, voulue, cherchée. Elle me tient ! Et je sais bien qu'épouvanté mais ravi je ne céderais ma nuit pour rien au monde, quand bien même la souple bête terrible qui miaulait tout à l'heure bondirait jusque sur mes draps !

LE MATIN

J'ai fini par sombrer dans un sommeil de cauchemar. Mais des coups de fusil tirés tout près de moi me réveillent.

J'écarquille les yeux. La lune a disparu. Par la baie glisse une vague lueur de soupirail. L'air de ma chambre est floconneux : le brouillard du lac, probablement. Quelle heure peut-il être ?

Un nouveau coup de fusil me déchire les oreilles. Le fox aboie. J'entends les exclamations d'Hollicott.

Si c'était le rogue ? Rien ne me fera rater cela !

Je bondis de mon lit, mais avec méfiance. Je me chausse et je sors.

Personne sur la terrasse. Mais dans la cour, à la faveur d'une lanterne que le boy tient à bout de bras, deux pyjamas agenouillés, un fusil à la main. C'est le sous-chef du district et Hollicott.

— Qu'est-ce que vous faites là? dis-je.

— Notre marché, répond Hollicott. Regarde la repas d'aujourd'hui.

Sur le gravier, un étrange coq de bruyère, un faisan et deux pintades composent une nature morte.

— Nous n'avons eu qu'à tirer dans le tas, déclare Jefferson Payn.

— Et cela? dis-je, montrant un animal étendu, les quatre pattes molles et penchant un museau saignant.

— Une petite chacal.

Je regarde mon camarade, éclairé par la lanterne. Il a l'air reposé. Il est rose et il rit. Une secrète amertume me traverse.

— Vous as bien dormi, du Croussett? me demande-t-il, gouailleur.

— Admirablement.

— Alors, vous es prêt à venir, avant le breakfast, voir les ruines?

— Je les ai vues hier.

— Vous as vu la maison du trésor circulaire, mais vous n'as pas regardé les autres, vous me l'as dit vous-même. Mais peut-être, ajoute-t-il, ironique, vous préfère, malgré la bonne nuit, vous recoucher?

— Je me sens parfaitement dispos, fais-je, serrant les mâchoires pour étouffer un bâillement. Mais quelle heure est-il?

— Cinq heures. Vous t'habille vite, prends un manteau, un fusil, de la quinine, et viens.

Dans l'auto, dont la capote est relevée, je lutte contre le sommeil.

Un brouillard ardent monte, épais comme de la fumée de volcan. L'on ne voit pas les pieds des arbres : drue et blanche, une couche de coton, comme une couche de neige, s'amoncelle au ras de la jungle. Ce brouillard ne venait donc pas du lac?

Dans l'air mouillé, j'ai presque froid.

Hollicott, qui éternue, avale un cachet de quinine.

Sans doute est-ce pour se réchauffer que des milliers et des milliers de singes font du trapèze au-dessus de la piste.

Nous roulons sous une volière de tisserins, de troglodytes, de perruches, de colombes de jade sombre et de colombes de jade clair. Des paons crient et des pics-verts cognent sur les branches. Et sous les arbres, émergeant du brouillard ou traversant le sentier, des renards, des hyènes, tout un peuple roux que notre auto n'effraie même pas.

Une chèvre attachée à un piquet tient en respect deux chacals. A chaque menace, d'un coup de corne elle troue le vide. Peut-être a-t-elle lutté ainsi toute la nuit !

— Quel est l'imbécile, dis-je, indigné, qui a attaché une chèvre dans la jungle?

— Ce n'est pas une imbécile, répond Hollicott. C'est la sous-chef de la district. Il y a une trappe à côté. C'était pour attirer la grand fauve la nuit.

— En fait de fauve, dis-je, depuis le temps que vous m'en parlez, je voudrais bien en voir un.

Un choc. L'auto butte sur ses freins, comme effarée devant un bond magnifique, un éclair plutôt, un éclair roux et noir qui, l'espace d'une seconde, a flambé sur la piste. C'est fini.

— La léopard, murmure Hollicott.

Trop court. Mais c'est égal, je suis content pour la journée.

— Si vous veux chasser la grosse bête demain près d'un pool, me suggère Hollicott, c'est facile : vous paie les droits au chef de la district. Seulement, vous dois passer la nuit sous une roché ou sur une arbre.

— J'aime autant pas, dis-je, songeant à ma récente insomnie.

Le chauffeur, qui a allumé ses phares, s'amuse, dans la nuit encore traînante, à poursuivre un chacal aveuglé. Mais, tout le long du chemin, des centaines de bêtes nous regardent passer, indifférentes.

Je demande :

— Comment se fait-il que tous ces animaux n'aient pas l'air d'avoir peur?

— Parce qu'à cette heure, me répond Hollicott, elles savent que les grosses bêtes elles ont mangé. Alors, jusqu'au coucher de la soleil, il y a l'armistice.

L'auto stoppe au pied d'un champ broussailleux : c'est la plaine d'hier soir, je reconnais les décombres.

Cramoisi, un énorme soleil de laque monte, lustré comme une peinture sur émail.

Je contemple avec des yeux hâtifs le dieu encore assoupi. Pour quelques brèves minutes, sa fureur dort, accessible. Mais je connais à présent la fulgurance de ses réveils, et comment il saccage les regards audacieux avec ses foudres de lumière. Vite, nous nous coiffons de nos casques, et nous mettons nos lunettes sous un orage de rayons.

Le brouillard, comme par un truc de féerie, a disparu, aspiré. Et maintenant, chaque liane, chaque ronce, chaque feuille flamboie sous une vapeur de rosée.

Et, comme chez nous, dans l'étable ou la ferme, le coq chante l'aurore, une explosion de roulades, de sifflements, de roucoulements, de gazouillis, de trilles et de babils s'élève avec la brume dispersée.

HOLLICOTT DANS LES RUINES

— Il y a quatre monuments à visiter, débute Hollicott. Celle que vous a admiré hier, c'est peut-être la plus séduisante, ce n'est pas la plus intéressant. Vous vas comprendre pourquoi.

Je l'écoute, accablé. J'ai faim et j'ai sommeil. Pour la première fois, je m'ennuie. J'évoque Paris et mon lit confortable. Je suis pareil à tant de gens qui voyagent pour leur plaisir, mais que cela ne commence vraiment d'amuser que lorsqu'ils sont rentrés chez eux.

— Une des plus curieuses, débute Hollicott, allongeant un stick impérieux, c'est la rigolo monument à ta gauche. Regarde, commande-t-il.

J'obéis.

Un extravagant édifice élève sept plateformes successives qui vont se rétrécissant, et que surplombe, aigu, un belvédère. Les trois premières plateformes sont chacune décorées d'une niche, dont seule la seconde s'orne encore d'une statue. Le corps est décapité et la tête a roulé dans les ronces.

Quelques colonnes, penchées comme la tour de Pise, entourent ce palais bizarre qui à la forme d'un colombier.

— Ce n'est pas beau, dis-je.

— Je vous montre pas parce que c'est beau, réplique Hollicott, je vous montre parce que vous voyages. C'est la petite palais des sept étages.

— Pas celui dont vous m'avez parlé? Il n'y avait pas quatre mille chambres là-dedans !

— Oh ! je crois qu'il y avait même pas une. Il y avait juste une cellule là-haut, dans le pigeonnier. Mais la grand-prêtre qui l'a construit aimait à prier toute seule, et comme c'est sur l'emplacement de la vieille grande palais qu'il a bâtissé ces sept plateformes, on a appelé cette chose : « La palais des sept étages ».

— Compris, dis-je

— Et maintenant, ordonne Hollicott, me montrant à nos pieds une immense dalle, plate comme une pierre tombale, vous regarde cette monument. C'est un livre.

— Comment, un livre?

— Oui. Vous vois bien que cela a la forme d'un livre ouvert.

— Si l'on veut, dis-je.

— Cela s'appelle la Galpota.

— A quoi cela servait-il?

— A rien. C'est justement cela qui est intéressant. Vous trouve ça nulle part. Ce livre, professe-t-il, en prenant possession du monument d'un coup de son stick, il est consacré à la gloire du sage roi Kirti-Nissanga.

— Cela n'a aucun intérêt.

— Aucun, mais c'est célèbre. Et qu'est-ce que vous réponds à Paris si une jolie femme vous demande : « Avez-vous vu la pavé du roi Kirti-Nissanga? »

— Il n'y a pas une Parisienne qui me demandera cela, même laide !

— On ne sait jamais. Cette pavé mesure 8 m. 40 de long, 5 mètres de large et 75 centimètres d'épaisseur.

— Bravo !

— Vous vois que le livre est déplié et que, sur la page de pierre, il y a des inscriptions avec des illustrés.

— Je vois.

— Vous remarque ces deux grosses éléphants qui élèvent leur trompe au-dessus de cette Bouddha assis, et qui croise ses jambes. Ces deux trompes ont un sens.

Je demande :

— Lequel?

— Je ne sais pas. Si vous pouviez lire la cinghalaise, vous comprendrais que ces inscriptions sont l'histoire véridique de la miraculeuse sagesse du roi Kirti-Nissanga. Vous sais ce qu'il faisait, le roi Kirti-Nissanga?

— Non, pas encore.

— Il se faisait peser avec les deux reines principaux, son fils, sa fille et toute son famille. Et, cinq fois ce qu'ils pesaient tous ensemble, il le donnait en pièces d'or, de bronze et d'argent à la pauvre de la cité. Alors, tous les pauvres faisaient beaucoup de prières pour la santé du roi et son famille, afin qu'ils deviennent tous très grasses. Vous trouve la même inscription sur la temple de Dambulla, parce que le grand roi Prakrama-Bahu, qui fit redorer soixante-douze statues de Bouddha, donnait, lui aussi, cinq fois son poids de l'or à la pauvre de la cité.

Je le regarde, exaspéré. Il est aussi embêtant qu'un vrai livre.

— Maintenant, vous me suis, annonce-t-il, me précédant à pas gymnastiques, et je vous montre la Dalida-Maligawa, qui est une temple bâti pour recevoir une dent de Bouddha.

Tout en courant après lui, je demande :

— Combien y en a-t-il?

— De dents?

— Non, de temples?

— Plus que deux, mais il y a la dagoba et les bains. A moins que vous veux voir aussi la temple de Dambulla, qui est dans la roc.

— Pas ce matin.

— Nous voici maintenant, officie Hollicott, devant la Dalida-Maligawa. La Mahawanso... Vous vous souviens de ce que c'est que la Mahawanso?

— Oui, le vieux livre sacré.

— Exactement. Donc, la Mahawanso raconte que la grand roi Prakrama... Vous rappelle qui est Prakrama? s'interrompt-il, soupçonneux.

— Oui, c'était le fils de Kirti-Nissanga.

— No, me corrige-t-il sévèrement, c'était la père, et vous tâche de ne plus confondre. Le roi Prakrama vint en grande pompe, monté sur un éléphant doré, remercier Bouddha de sa victoire.

— Quelle victoire?

— Une victoire sur le Malabar. Vous remarque les sculptures des murs et les piliers autour de la sanctuaire, qui sont en parfait état de la conservation. Maintenant, vous marche quelques minutes, et nous passe au temple de Jettawana-rama.

Docile, je suis le guide, et nous traversons en biais la plaine de ronces.

— Cela ne vous ennuie pas de visiter la monument? me demande Hollicott.

— Ah ! fichtre non, lui dis-je, ébloui. Pas celui-là.

Le vieux temple, dans la jeunesse du matin radieux, luit, avec des ors roux de chaudron. Des milliers d'aurores ont patiné ses murs brûlés, et la ruine ardente sue du soleil.

De larges gradins, sculptés comme des médailles, montent vers un portique dont ne subsistent que les colonnes. Le sanctuaire est détruit mais le long vaisseau, bordé de piliers, s'arrête devant un mur flamboyant. En pied, un Bouddha l'occupe.

Mais ce n'est plus l'élégant dieu hiératique du Temple du Reliquaire. Celui-là effare : il est trop grand pour le temple, il l'écrase. Il le domine de ses larges épaules musculeuses et du bloc de sa tête formidable. Il est là, parmi les décombres, debout et menaçant comme un Samson bouddhique et, plus que ces arbres jaillis entre les dalles soulevées, c'est lui qui, à l'étroit dans sa niche de pierre, a fait basculer le temple !

Ces arbres qui, par une paradoxale symétrie, doublent la file des piliers, je ne les avais pas vus hier. Mais hier avais-je remarqué autre chose que le Palais du Reliquaire, fasciné par sa grâce impériale?

Là-bas, cette dagoba non plus ne m'avait pas attiré. Sans doute, couverte de plantes, d'herbes et de feuillage, l'aurai-je prise pour quelque colline dans le crépuscule déformant.

Jadis, elle éblouissait, ripolinée comme une montagne de porcelaine. Et Hollicott m'explique que son ciment ne fut préparé qu'avec de l'eau de jasmin.

Le capitaine, qui pense au breakfast, passe, vertigineux, devant le palais du roi Prakrama, — un solide monument carré, bosselé de sculptures, — et, tout trottant, me demande si je veux voir les bains du roi.

— Est-ce curieux? lui dis-je.

— No. Vous devine que c'est une bain parce que vous le sais, mais vous vois rien qu'une pierre circulaire sur laquelle le roi n'avait pas le droit de se laver. C'était ça, la bain.

— Mais alors, qu'est-ce que le roi fichait sur la pierre?

— Il se faisait laver par les autres.

— Par des femmes?

— J'espère pour lui, répond Hollicott.

Avant que de quitter le **forum dévasté**, je cherche

des yeux, une dernière fois, le Temple du Reliquaire.

Le voici, dominant la brousse vernie encore de rosée, et suspendu au-dessus d'elle avec sa grâce de planète.

Au sommet des marches prosternées, le dieu méditatif contemple, de ses yeux fermés, la splendeur du ciel matinal. Un couple de ramiers s'est uni sur sa tête, et, sur ses beaux genoux polis, se gratte un singe qui grimace.

BREAKFAST ET ARCHÉOLOGIE

— Vous as l'air fatigué, me dit Hollicott qui, pour le petit déjeuner, a fait cuire le coq de bruyère. Vous as la figure qui dégringole.

— Que voulez-vous ? dis-je, vexé. Quand on a vu tout Pollanarua dans une matinée !

Étonné, il me regarde, la fourchette en suspens.

— Vous n'as rien vu du tout, du Croussett.

— Qu'est-ce que vous dites ?

— Vous as vu une partie, la plus intéressante. Mais il reste l'autre.

— Tant pis ! Je ne la verrai pas, fais-je, avec énergie.

— Le seule chose que vous peux emporter d'ici, maintenant, c'est l'impression d'ensemble. Mais vous as raté le Gal-Vihara, la temple de Dambulla et la Rankot dagoba.

— C'est tout ?

— Oh ! et beaucoup d'autres qui sont éparpillés dans la jungle, mais avec tant de la forêt dessus que vous vois plus rien. Vous veux savoir, continue-t-il, mastiquant avec effort le gibier trop frais, ce que vous a manqué au temple de Gal-Vihara ?

— Oui, c'est cela : décrivez-le moi.

— Vous trouve que je décris bien ? dit Hollicott, flatté.

— Oui. Vous ne vous laissez pas épater, et puis vous avez le don de la synthèse.

— C'est une temple, m'apprend-il, qui est creusé dans la roc comme, quand vous étiez petite, tu fouillais dans un marron. Elle est soutenue par quatre colonnes. Il n'y a pas de porte. Entre les deux colonnes de la milieu, il y a une Bouddha. Elle est assise sur un socle. Elle mesure 2 m. 40. Vous veux savoir combien mesure le piédestal ?

— Mon vieux, décrivez-moi le temple, mais épargnez-moi le métrage !

— Ou je décris la temple, ou je la décris pas, riposte Hollicott, froissé. Et vous verras tout à l'heure que tout ici est dans les chiffres.

— Alors, allez-y, dis-je, résigné.

— L'intérieur de la temple est décoré de belles peintures, mais si brunes qu'elles sont dégoû-

tantes. A la gauche de la temple, si vous la regardes
de face, vous vois, à même dans la mur, une
Bouddha encore plus grande, et je vous dis pas
combien elle mesure, puisque vous veux pas.

— Combien?

— Le double de celle qui est à l'intérieur.

— J'ai oublié.

— Oh ! on ne peut pas décrire avec vous,
s'écrie Hollicott. Celle de l'intérieur, j'ai dit
c'était 2 m. 40. Donc, celle de l'extérieur c'était
4 m. 80.

— Hurrah !

— Mais à droite, il y a une Bouddha encore
plus grande. Elle est couchée par terre, pour
imiter le sommeil sans rêves de la Nirvana. Sur
la paume de la main droite, qui soutient la tête,
vous vois gravée la fleur de lotus.

— Si la paume de la main soutient la tête,
comment peut-on voir la fleur de lotus?

— Je ne sais pas, mais vous la vois. Cette dernière statue mesure 13 m. 80. Et vous sais pourquoi?

— Non.

— Parce que le symbole bouddhique il sup-
pose que la corps grandit quand il est mort.
Et cela, vous sais, du Croussett, c'est très joli,
et c'est toute la secret de leur religion. Parce que,

quand vous es assis, vous vaux deux fois un homme debout, mais quand vous es mort, dans la tombe vous es bien plus considérable que le pauvre petite vivant qui joue au tennis ou au golf. C'est cela la religion bouddhique !

Je souris.

— Vous crois que j'exagère? interroge Hollicott.

— Au contraire, dis-je. Je pense que vous êtes au-dessous de la vérité.

— J'ai oublié de vous dire, ajoute Hollicott, scrupuleux, que vous vois aussi la statue d'une disciple de Bouddha. Entre la Bouddha couché et la Bouddha assis, elle est debout, les mains croisées sur la poitrine comme lorsque ma cousine, qui était catholique, faisait sa première communion.

— Nous saute maintenant, continue-t-il en attaquant un goyave, à la temple de Dambulla. C'est une cave.

— Comment?

— Une vraie cave dans une roc de 160 mètres de hauteur, sur 660 mètres de largeur.

— Écoutez, dis-je, comment faites-vous pour retenir tous ces chiffres-là? C'est maladif !

— N'est-ce pas? fait Hollicott, ravi. Mais c'est un exercice que je faisais quand j'étais toute petite ; j'apprenais par cœur les numéros de téléphone de tous mes amis, et j'ai gagné comme cela beaucoup de paris à Eton, et même à Oxford. Alors, comme les paris étaient grosses, cela m'a encouragé.

— Nous en étions à la cave, dis-je.

— Oui. Vous monte par des gradins, passe sous une porte de pierre, avec beaucoup de sculptures dessus, et vous entrez dans une cour où tu vois de la cocotier. Et vous remarque alors beaucoup de Bouddhas, des grandes, des petites, et elles mangent, ou elles prient, ou elles dorment.

— Qui ?

— Les Bouddhas, naturellement. Et la chambre principale elle est peinte avec de la gravure qui représente la vie de la Bouddha. Et puis, dans la milieu du hall, il y a des petites gouttes qui coulent de la roc, et elle est sacrée comme le Gange.

— Qui ?

— L'eau qui coule de la roc !

— Parfaitement. Et puis ?

— C'est tout pour cette temple-là, conclut Hollicott. Maintenant, je te décris en deux mots la Rankot dagoba. Vous rappelle peut-être que la Kiri Dagoba que vous a vue dans la jungle mesurait vingt-deux mètres de diamètre ?

— C'est très possible, fais-je.

— Oh ! ce n'est pas possible, c'est certain. Eh bien, quand je t'aurai dit que la Rankot dagoba mesure cinquante-quatre mètres de diamètre, je vous aurai tout appris. J'ajoute que la dagoba est entourée de petites chapelles comiques.

— Coniques, dis-je.

— Oui. Et maintenant, termine-t-il en entamant un second goyave, vous en sais autant que je.

VERS ANURADHAPURA

HOLLICOTT FAIT DE L'HISTOIRE

Quoi qu'il en dise, le capitaine n'a pas dû reposer cette nuit beaucoup mieux que moi car, dans l'auto qui roule vers Anuradhapura, il dort sous la capote brûlante.

En dépit des brusques arrêts, des heurts ou des cahots qui nous font danser sur nos sièges, il dort de ce sommeil obstiné que nous perdons chez nous au sortir de l'enfance, mais que ces veinards d'Anglais conservent à travers la vie.

La piste est solitaire. Les animaux, réfugiés, reposent à l'abri des arbres, des grottes ou des ruines.

Mais peu importe que nous soyons partis un peu plus tôt ou un peu plus tard. L'universelle fournaise arde avec la même férocité aux heures dites fraîches qu'aux heures chaudes, et mieux vaut arriver à Anuradhapura avant l'embrasement de midi.

Mais, faut-il le confesser, c'est moins la splendeur de la ville écroulée qui me rend impatient que l'envie, et comme l'ivresse d'un bain. De l'eau, même tiède, mais de l'eau !

Sentir que, sur mon torse, mes reins, mes bras, coulera autre chose que ma sueur ou que cette huile dont l'odeur me révolte. Vivre une heure, deux heures, tout un soir à l'état aquatique ! M'éclabousser d'eau pure, y plonger ma tête douloureuse !

Ces lacs, ces lacs incessants, avec leurs belles nappes interdites, ces lacs bleus à fond de vase et dont le contact empoisonne, ces lacs communiquent à chaque pore de ma peau les tortures de la soif.

Je comprends, à présent, l'histoire que me racontait Hollicott de cet Anglais qui, à Pollanarua, piqua une tête dans le lac, et qui « mourut noyé et content. »

Nous avons refait au départ notre provision d'eau, mais c'est un liquide qui pue le marais. J'ouvre ma valise, et je m'asperge d'eau de Cologne.

— Verse sur mon tête la moitié, dit Hollicott, réveillé.

***

Reconnaissant, il me documente sur Anuradhapura, où à peine pourrai-je passer douze
heures.

C'est demain que nous nous quittons : le capitaine s'enfoncera vers Trincomalee, et moi-même,
dans cinq jours, hélas ! j'aurai quitté l'île merveilleuse.

Pour gagner du temps, Hollicott débrouille
les ruines.

— C'est beaucoup moins splendid que Pollanarua, m'explique-t-il, mais c'est plus couru.
Il y a un palace, une comité pour les ruines, on
a restauré une dagoba. C'est la ruine civilisée.

Je demande :

— Quels sont les plus beaux temples ?

— Aucun. Vous trouve plus rien que des
pierres de lune, des bassins, des escaliers et des
colonnes. Mais ça, tellement de colonnes qui
piquent partout qu'Anuradhapura c'est comme
une pelote avec des épingles que tu n'aurais pas
bien enfoncées.

— Mais comment expliquez-vous qu'à Anuradhapura les temples n'aient pas survécu, tandis
qu'à Pollanarua...

Le capitaine m'interrompt :

— Anuradhapura a poussé avant le Christ, quand la vieux Cinghalaise ne connaissait pas la fondation solide dans la terre. Pollanarua a poussé quatre cents ans après. Alors l'une a tenu et l'autre a chuté.

— Pourtant, dis-je, les dagobas sont debout?

— Oui, mais protégées par leur poids, qui les a enfoncées. Je conseille pas vous de voir celle qui est restaurée : elle est enflée et entourée de colonnes maigres. C'est comme une grosse melon de porcelaine, avec des asperges autour.

— Vous n'avez jamais rien écrit sur vos voyages?

— No. Pourquoi?

— Je ne sais pas, ce serait assez spécial. Mais expliquez-moi par quelle anomalie Anuradhapura est à la mode, tandis que Pollanarua...

— Ce n'est pas une anomalie. C'est à cause de la figuier.

— Quel figuier?

— Le Maha Sri Bodin Vahence.

— Non, mon vieux, parlez anglais ou français.

— Cela veut dire le Suprême Seigneur, l'Illustre, le Victorieux ; et en anglais : le Bo-tree.

— Il fallait commencer par là : l'arbre consacré à Bouddha?

— No, l'arbre de Bouddha lui-même. Vous connais la légende? me demande-t-il.

— Non.

— Vous as de la chance de m'avoir, remarque Hollicott.

Il bourre sa pipe, l'allume, digère une bouffée et raconte :

— En 223 avant le Christ, le roi de Ceylan demanda un jour au roi de Maghada une petite cadeau précieux. Il souhaitait une morceau de l'arbre sous lequel Bouddha s'était reposé au moment de son apothéose. La roi de Maghada, très embêté, ne savait pas ce qu'il devait faire. Il ne voulait pas refuser parce qu'il était un gentleman, et il ne voulait pas non plus couper l'arbre, parce que c'était un sacrilège. Alors, sur le conseil de la grand-prêtre, il traça sur une rameau une petite trait au vermillon, et la rameau se mit à sauter dans un vase rempli de sol parfumé. Et tout de suite elle devint une petite arbre.

— Tiens ! c'est assez joli, dis-je.

— C'est extrêmement joli quand c'est bien raconté, renchérit Hollicott. Alors, la petite arbre avec le pot fut expédié au roi de Ceylan, et c'est l'origine de ce Bo-tree, qui a 2.208 ans.

— Et c'est toujours le même?

— Toujours, mais ne demande plus rien. Si je décris tout avant, vous n'as plus de plaisir quand c'est ton œil qui regarde.

ET DE L'HISTOIRE NATURELLE

Une question me brûle les lèvres que, par respect humain, j'hésite à formuler. D'un ton indifférent, je demande :

— Comment sont les nuits, là-bas ?

— Équatoriales.

— Évidemment. Mais comment sont-elles une fois que l'on est couché ?

Hollicott me regarde avec un secret triomphe.

— Vous as mal dormi, du Croussett. Avoue la vérité.

— Eh bien, oui, dis-je : je n'ai pas fermé l'œil.

— Eh bien, me confesse-t-il à son tour, je non plus.

Et nous éclatons de rire.

Mais le capitaine, quant à ma nuit prochaine, me rassure : nos fenêtres seront grillagées, et nous pourrons occuper des chambres au premier ou même au second étage. Nous n'aurons que l'embarras du choix, l'hôtel étant quasi vide en cette saison.

— Mais je vous t'en prie, m'adjure Hollicott, ne vous laisse pas intimider par la serpent domestique !

— Comment?

— L'hôtel profite peut-être dans la saison morte pour tüer la rongeur. Alors, elle donne la liberté au serpent du rat.

— A quoi?

— Cela s'appelle comme ça parce qu'elle chasse le rat. C'est une serpent de taille moyenne, qui en principe loge dans la cave, mais qui aime bien courir partout. Alors, quand elle siffle sous votre oreiller ou sous la table du breakfast, la première fois ça te fait quelque chose.

— C'est tout simplement odieux, dis-je.

— No, du Croussett, c'est inoffensif. Vous sonne pour le sommelier et vous dis : « Desservez cette serpent », et il part avec.

Le capitaine réfléchit, puis me demande :

— Vous es au courant des serpents de l'île?

— Vaguement.

— Vous veux t'instruire?

— Oui. Ces bêtes-là me font horreur, mais elles me passionnent.

— Il y a ici trente espèces de serpents de

terre [1] qui se multiplient chaque jour plus, m'apprend-il, car, comme vous le sais, la religion défend à la « native » de tuer. Quand il capture une serpent, il le met dans un panier d'osier et la flanque dans la rivière, comme on a fait avec Moïse.

— Est-ce que le reptile se sauve des eaux, lui aussi ?

— Je ne sais pas. Sur les trente espèces, quatre seulement sont vénéneuses. La plus perfide, c'est la cobra.

— Oui, fais-je, c'est connu : sa piqûre est toujours mortelle.

— Pas du tout, répond Hollicott. La Cinghalaise porte sur lui un caillou qui s'appelle : « la pierre à serpents ». Il est spongieux, et si vous le mets sur la plaie tout de suite que tu es piqué, la caillou colle, suce le sang et tombe d'elle-même quand elle a fini sa besogne.

— Tiens ! je ne savais pas.

— Il y a beaucoup de choses que vous sais pas, me déclare sans ménagements Hollicott.

1. L'on n'est pas d'accord sur ce chiffre. Miss Gordon Cumming affirme qu'il y a 79 espèces, dont 23 de serpents d'eau. Mais sir Emerson Tennent ne compte que vingt espèces de serpents de terre. Les récentes statistiques varient de trente à quarante. Le chiffre que donne Hollicott paraît être un minimum.

*
* *

L'auto ralentit sur un embarras de racines. J'en profite pour dévisager un couple étonnant.

Elle, les cheveux en broussailles et vêtue d'une loque rouge, lui, hirsute, barbu et tout nu, sauf un pagne. Tous deux ont des nez épatés, un crâne pointu et des bouches proéminentes. Le chien qui les suit aux talons, en nous voyant grogne, farouche.

— Regarde cette couple, me conseille le capitaine. Vous en verras pas souvent.

— Ce sont des parias ?

— Oh ! contraire, c'est la plus vieille race de l'île. Avant que la Cinghalaise arrive, ils étaient les maîtres du pays, avec leurs arcs et leurs chiens.

— Quoi ! Ce seraient des veddahs ?

— Presque. Ils sont de sang mêlé. Vous trouve plus des véritables.

— Pourtant, dis-je, on m'a affirmé...

— No, coupe Hollicott, vous trouve plus. Oh ! le portier de l'hôtel d'Anuradhapura, si tu lui demandes, il vous trouve une couple veddah. C'est très facile.

— Eh bien, alors...

— C'est des déguisés. Le portier prend un

couple comme celui-là, il prête à l'homme un arc et des flèches, il déshabille encore plus la femme, et pour cinquante roupies vous crois que vous photographies deux veddahs !

— Vous avez un don, dis-je.

— Lequel ?

— Celui d'enlever toute illusion au touriste.

— J'aime les choses comme elles sont, réplique sentencieusement Hollicott. Tenez ! regarde, nous arrive.

ANURADHAPURA

LES ADIEUX D'HOLLICOTT

A onze heures, l'auto nous dépose devant l'hôtel d'où je ne ressortirai qu'à quatre heures.

Ma chambre possède un grillage et un bain. Je me rue sur le robinet d'eau froide. Extasié, j'écoute la chanson de l'eau. Mais ce qui coule du robinet a la température de la chambre et fume. Le calcul des probabilités m'engage à essayer le robinet chaud, mais il ne fonctionne pas, hors d'usage.

J'emploie la méthode Coué, et dans l'eau je me répète : « Ce bain est froid... Ce bain est froid ! » Mais découragé j'en sors, pour me rafraîchir. Mon lit est là. Oublions !

A quatre heures, je descends, huilé de frais.

Le hall est presque désert. Un Anglais maigre, qui a laissé tomber son chasse-mouches, dort devant un thé complet.

Nocturne dans sa toge de coton blanc, un

Cinghalais penché sur la table des périodiques illustrés, contemple, en arrêt, un château d'Écosse sous la neige. Singulier visage ! Sa figure replète s'encadre d'oreilles allongées ; un étrange nez grec, aux narines chinoises, partage deux pommettes saillantes. Ses paupières baissées bombent comme deux soucoupes de bronze. Sourit-il, ou est-ce la forme de sa bouche ? Où donc ai-je vu cette figure-là ?

— Hullo !

C'est Hollicott, si parfaitement oint de Mosquitol qu'il ressemble à un homme de beurre. Il tient à la main un volumineux courrier.

— Je peux pas vous t'accompagner, s'excuse-t-il, en commandant son thé et en s'attablant. J'ai une si terrible courrier officiel !

Il dit cela d'un ton qu'il tâche de rendre blasé, mais on le sent ravi.

Le Cinghalais aux longues oreilles, se dirigeant vers la porte, passe devant nous.

— Il ressemble à quelqu'un, dis-je, je ne sais pas à qui.

— A Bouddha, dit Hollicott, qui encore une fois a raison.

*
* *

Comme je vais sortir, le capitaine m'arrête :

— Vous ne me dis pas adieu, du Croussett ?

— Adieu ! Mais je vais vous revoir à dîner ?

— Oh ! no, je vous ai pas dit : j'ai reçu une câble. Il faut que je gagne Trincomalee cette soir même. Et Dieu connaît, maintenant, quand je te revois !

— Eh bien, mon vieux, fais-je, sincère, cela me fait quelque chose de vous quitter.

— Et moi, répond Hollicott, je suis si terriblement triste : je faisais tant de progrès dans la langue française !

Je sens qu'il vient d'exprimer son maximum, et nous restons l'un devant l'autre, les bras ballants, avec un brusque chagrin éphémère. Un silence. Je le romps :

— Je rentre à Colombo en passant par Kandy. Puis-je faire quelque chose pour vous ?

— J'ai déjà prévu, réplique Hollicott. Ceci est une lettre pour lady Laïssoura, ça, une billet pour Dorothy, et voilà une carte postale pour Jerrimann. Pour le colonel, c'est inutile, je lui écris jamais que des billets officiels.

Tandis que nous nous serrons la main, je lui demande :

— Vous viendrez me voir à Paris, mon vieux. Nous reparlerons de Ceylan.

— Oui. Et maintenant, s'écrie-t-il avec une soudaine explosion de joie, quand nous nous revois vous m'appelle Jeffry, et moi je dis Francis.

— C'est une idée admirable, fais-je, rayonnant à mon tour.

Nous échangeons nos cartes et, à ma surprise, je lis sur celle de Hollicott : « Marquis of Duringham ».

— J'ai oublié de vous dire, m'explique-t-il : je suis brutalement marquis. C'est une cousin qui est mort il y a quinze jours, et comme ma famille n'a que moi de mâle, j'hérite.

Il réfléchit, hésite, puis, avec cette merveilleuse faculté de rougir qu'ont les jeunes filles et les Anglais, ajoute :

— C'est aussi un peu à cause de cela que j'ai été nommé capitaine.

Je lui demande :

— Vous aimiez votre cousin ?

— Je ne pouvais pas : je l'ai vu seulement une fois dans ma vie. J'ai eu beaucoup de veine, conclut le marquis de Duringham.

— Alors, dis-je, bonne chance, mon vieux !

— Cheer up !... répond feu Hollicott.

LA VILLE MORTE

Devant l'hôtel, le chauffeur, armé d'un seau d'eau, douche la Ford. Je m'assieds dans un nouveau bain chaud et nous partons.

A perte de vue, une immense plaine verte et rouge, où nous respirons enfin à ciel ouvert, évadés de nos prisons forestières.

Tout au loin, des montagnes nues comme des rocs, flambent. Plus proches, d'autres collines assombries de verdure et qui sont des dagobas.

Nous roulons sur un chemin pourpre qui saigne entre deux champs d'émeraude.

De toutes parts, comme des levées de glaives, des milliers et des milliers de colonnes. Partout, des fragments de statues ; des épaules nues, un bras, des fronts, un torse, des mains, tout un ossuaire de granit.

Dans une vasque de pierre, on a posé la tête coupée d'un dieu. Et tout cela rangé sans ordre, au hasard des fouilles, ou abandonné là, au hasard des chutes.

Deux monstres gardent encore un vestibule qui baille, éventré, des balustres encadrent le vide, des rampes ne protègent plus rien, et des escalades de gradins n'aboutissent plus nulle part.

Nous passons devant une interminable armée de piliers géants, curieusement formée en carrés comme des compagnies en ordre de bataille. Je songe que ces frustes colonnes, jadis polies d'un stuc lamé d'or, soutenaient, il y a deux mille ans, le palais d'airain, l'un des plus beaux monastères du monde.

Bâti sur le modèle du palais des Sept Étages, il comptait neuf pyramides, et les moines qui l'occupaient n'arrivaient aux cellules dominatrices qu'au faîte de leur âge.

Des éléphants d'or massif supportaient les salles disparues. Les murs extérieurs, bosselés de perles, faisaient de ce palais un vaste coffret précieux, et le prestigieux monastère, qu'incendiaient ses tuiles de métal, flamboyait de l'aube au couchant.

Voici, attesté par sa pierre de lune et ses marches le temple de la Dent. Mais parvis et degrés ne mènent plus qu'à des ronces. Ici, les mêmes stèles de gardiens qu'à Pollanarua, mais, dans leurs médaillons de pierre, les sentinelles aux grands yeux ne surveillent même plus les décombres.

D'autres palais aux beaux noms ne se révèlent que par de minces colonnes dont les fûts grêles et les chapiteaux copient le jaillissement des palmiers.

C'est le palais du Paon qui, naguère, incrusté d'émeraudes, de rubis et de saphirs, brillait comme la roue du bel oiseau somptueux.

C'est le palais de la Reine, où accédaient des avenues jalonnées d'éléphants de stuc et d'ivoire, plus hauts encore que ceux de la jungle.

C'est le palais du Roi, tant d'autres palais dont il ne reste même plus la poussière. Voici le Bain des prêtres, l'orgueilleux bassin sacré dont il ne subsiste que la fresque légère d'une balus-trade.

Et toujours et à l'infini ces pierres de médi-tation, ces colonnes, ces Bouddhas couchés qui dorment au bord des routes, ou qui, avec leurs yeux d'aveugles, surgissent parmi les buissons.

LE PATRIARCHE DES JUNGLES

L'auto s'arrête devant l'antichambre du Bo-tree. C'est un petit sanctuaire où, nuit et jour, veillent et prient les bonzes, gardiens et jardiniers du figuier miraculeux.

Depuis longtemps, je l'avais aperçu. Et maintenant, franchissant l'enclos qui l'isole, il m'apparaît tellement immense qu'il résume la forêt.

Un vaste socle de granit l'entoure et protège ses racines millénaires. L'arbre est seul : il annule l'horizon, écrase les dagobas et rapetisse la montagne. D'odorantes offrandes de milliers de pétales s'amoncellent autour de lui dans des urnes, des jarres, des vases, dans des coupes de terre ou d'argent.

Des chapelets de bois, d'or, de perles, se sanctifient à sa base.

Toutes les colonnes paraissent monter vers lui, et les ruines lui servent d'ex-votos. L'unique temple, ici, qui ne soit point écroulé, est ce grand temple végétal.

Mais ce que j'admire, le cœur battant, c'est moins sa grandeur que sa faiblesse.

Combien me touche sa majesté débile ! Des piliers, qui s'exhaussent d'âge en âge, supportent les gigantesques mais fragiles rameaux de ce patriarche des jungles. Il est là, comme accablé par vingt-deux siècles d'aurores, et je contemple, bouleversé, le grand ancêtre aux béquilles de pierre.

L'arbre était déjà un vieillard quand, au jardin de Gethsémani, les oliviers tremblants écoutaient monter vers le Ciel déchiré l'agonie d'un homme et d'un dieu ; car il naquit au temps où les cyprès de l'Hellade voyaient, dans l'azur mythique, se cabrer les chevaux d'Apollon.

Le siècle de ses premiers bourgeons a connu, sous les palmes de Carthage, la jeunesse guerrière d'Annibal ; et, quand les aigles romaines planaient sur la forêt druidique, ses figues s'étaient nouées deux cents fois !

Maintenant, une lune nouvelle, après des lunes sans nombre, ruisselle sur ses coupoles de verdure. Et, tandis qu'à pied je regagne l'hôtel, c'est l'ombre du figuier qui me précède, couchée en travers de la plaine.

L'image est à ce point minutieuse que c'est l'arbre lui-même qui semble abattu, avec ses reliques de feuilles et ses béquilles de pierre ; et pour ne pas le piétiner davantage, effrayé de mon sacrilège, je m'écarte pieusement de ma route.

Mais partout où je pose mes pas, je profane des ombres augustes. La lune, sur la plaine, double chaque colonne, et la ruine toute entière se mire dans le glacis de la brousse.

Pour fuir ces fantômes étendus, je relève les yeux. Est-ce la magie du clair de lune ? A présent, avec ses départs de marches, ses moitiés de porches, ses parvis arrêtés, la ville écroulée semble attendre comme une cité interrompue.

Mais mon illusion est brève : la ville sacrée est bien morte et sa destruction bien entière. En vain, les fouilles exhument et ressuscitent des dieux. A peine redressés, la plante ennemie les assaille, avec ses épines qui lacèrent, ses racines qui trouent et ses lianes qui submergent.

Dans sa fureur obstinée, elle combat jusqu'au peuple des ombres et, sur la brousse cahoteuse, déforme les pures colonnes et leur fait une ombre bossue.

Et d'ici, de là, comme pour exalter sa victoire, un arbre vertigineux brandit jusqu'aux étoiles le noir étendard de la jungle !

Grasse 6 janvier 1926

TABLE

—

	Pages
LA TRAVERSÉE	9
Rêverie sur le pont	11
Le ciel, le sable et l'eau	18
Les citernes de Cléopâtre	25
Un bal costumé dans l'Océan Indien	29
Insomnie	33
INSTANTANÉS D'EXTRÊME-ORIENT	37
Impressions d'été à Bombay	39
Les tours du silence	41
L'aurore sous les Tropiques	44
Le débarquement	49
COLOMBO	53
Le Palace	55
La ville indigène	61
Le marché	64
Où l'on fait la connaissance d'Hollicot	66
Le breakfast	71
Un point de vue britannique	73
Jerrimann et Hollicott	79
Un ménage cinghalais	89

	Pages.
Miss Dorothy Underfield et ses amoureux	95
Une visite	102
VERS KANDY	109
Les antichambres de la Jungle	111
Le crocodile	114
Les éléphants	119
KANDY	125
Les paradis maléfiques	127
Un billet doux	133
Les fiancés	139
L'hallucination collective	147
LA JUNGLE	157
Vei lée d'armes	159
Le délire de la forêt	164
Le roc maudit	171
VERS POLLANARUA	177
Le jardin zoologique. — Le Rogue	179
Les papillons	184
Les singes. Et divers	187
Où Hollicott commence son cours	191
POLLANARUA	201
Le Rest-House	203
Au bord du lac	207
Le temple suspendu	213
Au seuil du cauchemar	218
La nuit hantée	226
Le matin	231
Hollicott dans les ruines	237
Breakfast et Archéologie	245

TABLE

279

Pages

VERS ANURADHAPURA...................................... 251

  Hollicott fait de l'histoire....................... 253

  Et de l'histoire naturelle........................ 259

ANURADHAPURA 265

  Les adieux d'Hollicott............................ 267

  La ville morte.................................... 271

  Le patriarche des jungles......................... 274

ACHEVÉ D'IMPRIMER
LE 2 AVRIL 1926
PAR F. PAILLART, A
ABBEVILLE (SOMME)

www.ingramcontent.com/pod-product-compliance
Lightning Source LLC
LaVergne TN
LVHW021146050726
842519LV00002B/523